勝丸円覚



# 警視庁公安捜査官

## スパイハンターの知られざるリアル

GS
幻冬舎新書
727

# はじめに

本書は、私が警視庁公安部外事課でスパイやテロ対策の任務に従事し、スパイハンターとして活動してきたリアルなエピソードをまとめた1冊である。

外事警察は、捜査権、逮捕権をもつ法執行機関の一部門であり、最前線で各国のスパイと戦う組織だ。さらに、私は外務省に出向して某国の日本国大使館の警備対策官として勤務し、帰国後は日本国内にある１５０か国以上の外国大使館の連絡係を担当してきた。

外国の外交官の中には、スパイ活動をしている者もたくさん存在していることから、連絡係の業務のかたわら、水面下ではスパイが日本国内での諜報《ちょうほう》活動を実行しないように動いてきた。

現職を退いてからは、さまざまな企業や一般市民を対象に、外国人スパイの手口や日本への脅威について、お伝えしている。

じつは私が現役の公安捜査官時代は、海外に赴任する警察官向けに研修などを開くことはあっても、スパイの手口や捜査エピソードを、民間企業に伝えることは厳禁とされていた。

しかし状況が変わったのは令和4年（2022年）5月に「経済安全保障推進法」が成立し、同年8月より一部施行されたことが大きい。この法律は、4つの制度を柱としている。

**1．半導体や医薬品などの重要な物資を安定して調達できるよう支援する「サプライチェーンの強化」**

**2．AI（人工知能）や量子といった先端技術の開発を進める「官民重要技術の支援」**

**3．電力やガス、鉄道など生活に欠かせない基幹インフラへのサイバー攻撃を防ぐ「基幹インフラの安全性確保」**

**4．軍事に転用される恐れのある技術を守る「特許出願の非公開化」**

高市早苗経済安全保障担当大臣は会見で、

「本来予定されていた経済活動が過度にためらわれることのないよう、規制の対象範囲や考え方をあらかじめ、できる限り明確にする」

と述べた。この法律が成立したことで、外国のスパイが欲しがる日本の重要な情報を守る体制が整いつつあると言えるだろう。

日本には他の先進国にある「スパイ活動防止法」がない。現在の日本ではスパイ活動によって国防や外交上の機密情報が盗まれても、スパイ活動そのものを禁じ、またスパイを逮捕する法律がないのだ。

スパイ活動防止法に代わるものと思われがちな「特定秘密保護法」（特定秘密の保護に関する法律）が平成25年（２０１３年12月）に成立、翌年12月に施行されたが、その名が示す通り、あくまでも限定的な「特定秘密」を保護対象にしたもので、主に「特定秘密」を取り扱う公務員を処罰の対象としている。

このように「特定秘密保護法」は、「特定秘密」の保護を大前提としたものであるため、広く「スパイ行為」自体を取り締まるための「スパイ活動防止法」の制定が別途必要になる。

よって「特定秘密保護法」や「経済安全保障推進法」は成立されたものの、肝心のＡＩや半導体の最先端技術や、軍事に転用される恐れのある技術に関しては、まだまだ外国人スパイから狙われ放題だと言わざるを得ない。

## 外国人スパイによる「技術情報流出の脅威」

本編でも触れているが、日本では、平成31年（2019年）2月、大手通信関連会社の社員が、同社の営業秘密である無線基地局の実証実験に関する情報を不正に領得し、ロシアの情報機関員に渡したとして、令和2年（2020年）5月、警視庁がその社員を不正競争防止法違反（営業秘密の領得）で検挙した。

また、中国人民解放軍と関係のあるサイバー集団のメンバーである男が、平成28年（2016年）9月から平成29年（2017年）4月の間で数回にわたり、個人情報を偽って日本のレンタルサーバに不正にアクセスしたとして、警視庁が男を検挙した事件があった。

海外でも平成30年（2018年）4月、中国江蘇省国家安全庁の職員が、米国の航空メーカーからジェット機のエンジンに使われる複合材料に関するデータを盗んだとして、米国当局に逮捕される事件があった。

また、令和元年（2019年）7月には、米国の小児病院の研究機関に勤務していた元研究員の夫妻が、同研究機関から肝臓がんなどの疾病の特定や治療に関する情報を、中国国内に流出させたとして、米国当局に逮捕された一件がある。

これらのスパイ事件から、米国連邦捜査局（ＦＢＩ）長官は、

「中国の諜報活動と経済スパイ活動は、米国の知的財産や経済力にとっての最大の脅威である」

と発言。さらに令和３年（２０２１年）７月には、英国保安庁（ＭＩ５）長官が、ロシア、中国及びイランに関して、

「過去５年間で１万件以上、外国のスパイによるイギリス国民に対する接近行為が確認された。スパイによって国内の研究機関の優れた研究データが盗まれることで、国内の企業が劣勢に回っている」

と発言するなど、国外に知的財産が流出することへの懸念を示した。

我が国でも、さまざまな産業分野において、先端技術に関する情報を保有する企業

や高性能製品の製造、販売をする企業が多数存在している。これらの企業が保有する最新技術の情報の中には、軍事用途に転用可能なものもある。

こうした技術情報が国外に流出した場合、企業や研究機関の国際的な競争力が低下するだけでなく、我が国の安全保障上、重大な影響が生じかねない。こうした状況を踏まえると、技術情報の流出防止対策は、経済安全保障上の重要課題であり、公安警察もこの課題により一層、真剣に取り組んでいかねばならないと感じている。

## アウトリーチ活動の重要性

海外では、ＭＩ５の関連機関、ＦＢＩ、オーストラリア保安情報機構（ＡＳＩＯ）などの情報機関が、技術情報の流出防止のために企業や研究機関に対して、その流出事例や流出防止対策について積極的に情報提供している。

我が国においても、警察の捜査を通じて得た外国のスパイ組織の手口やそれに対する有効的な対策について、情報提供するアウトリーチ活動を強化している。

47の都道府県警察に置かれる１１００以上の警察署を基盤とし、企業や研究機関に対してアウトリーチ活動を行うことで、スパイによる技術情報の流出を未然に防ぐ効果が期待されている。

また、一部の都道府県警察では、経済産業省、地方公共団体、経済団体と連携し、これらの関係機関や団体が所管している安全保障貿易管理に関する制度や、営業秘密の流出を防止する対策などについての情報提供もしている。

こうした都道府県警察の取組みに加え、警察庁も大企業や経済団体等へのアウトリーチ活動を行っており、令和３年（２０２１年）下半期には、警察庁から延べ約７００の企業に情報提供を実施した。

ここでまた経済安全保障の話に戻る。要するに経済安全保障とは、日本の最先端技術を産業スパイに取られないためのものである。そのために現職の外事警察が、最先端技術を持っている企業のトップに対して、これまでのスパイ活動の事例を挙げながら、よりオープンにスパイの手口を伝えるようになった。

繰り返しになるが、私が現職のときにはスパイの手口を民間人に伝えるなど考えられないことであった。なぜなら、スパイの手の内をオープンにしてしまうと、逆にスパイ側に対策を取られてしまう可能性があるからだ。

しかし、これだけスパイ活動が活発になると、公安警察のマンパワーにも限りがある。どうしても手薄になる可能性が高いことから、民間人自身にスパイに関しての知識や情報を知ってもらうために、警察も手の内を明かすようになってきている。

私がやっている活動もまさに同じで、スパイの手口やテロリストはなぜ危険か、ということを一般の人にもっと知ってもらうことで、スパイが入り込まない環境を社会全体でつくってもらうことが私の役目だと思っている。

そのような活動によって、個人はもちろん、企業もスパイへの情報漏洩《ろうえい》が防げるだけでなく、何かあったときに警察に通報できるようになる。

日本に「スパイ活動防止法」がない今、課題は一般市民がスパイ活動に対して知識を身につけることで、スパイに仕事をさせないことに尽きる。

「日本はスパイがしやすい、天国だ」

と、これ以上、言わせてはいけない。

まだまだ手付かずのスパイやテロ情報は山積みだ。日本の貴重な産業技術や情報をスパイの手に渡らせないために、今後どう対処すべきなのか、本書を考えるきっかけにしてもらえれば幸いである。

勝丸円覚

# 警視庁公安捜査官／目次

## 第6章　スパイ&テロから身を守るために　157



編集協力　FIXJAPAN　堤澄江
図版・DTP　美創

# 第1章 公安捜査官、鬼の修業ものがたり

## 恵比寿、品川、上野は新人公安捜査官の尾行研修の最前線

公安の大事な仕事は、スパイやテロリストなどの動きを早めにキャッチして、ミッションを事前につぶすことだ。

そのための必須スキルは、一にも二にもスパイやテロリストを「尾行」することにある。公安部に選ばれた警察官は、スーパーエリートだが、常日頃から尾行のスキルを上げていく必要がある。一流のスポーツ選手ほど日々の練習を怠らないのと同じだ。

そのため公安部では、定期的に新人のための尾行研修がある。3人1チームになって、教官をターゲットのスパイに見立てて、尾行するのだ。

ミッションはこうだ。事前に集合場所と時間、ターゲットの特徴が告げられる。大まかな行動範囲と通過すべき場所は知らされるが、ゴールは知らされていない。

追う側の新人公安も、実戦さながらカジュアルな服、クールビズ、作業服などいろ

いろな服装でターゲットにバレないように尾行しなければならない。

逃げる役の教官の逃走ルートの各ポイントには、副教官が待機して、新人公安の動向をチェックしている。

尾行の途中でターゲット役の教官を失尾《しつび》（尾行中に相手を見失うこと）したら大きな減点になる。また、明らかに尾行しているのがバレる行動も同じく減点だ。

ターゲットの教官は途中で電車やバスに乗ったり、デパートの中に入ることもある。時間帯も早朝から昼時、帰宅時間で人が多い夕方などさまざまなケースがあり、その都度、尾行チームには瞬時の判断が求められるのだ。

もちろん、研修中は一般の人たちに迷惑がかかってもいけない。3人のチームが最後までターゲットを追い続けるのか、あえて途中で一人脱尾《だつび》（尾行をやめること）して、二人で追ったほうがいいのか、それはすべてそのときの状況判断でベストな選択をしなければならない。その様子を副教官たちは、途中のポイントでチェックをして審査をするわけだ。

研修場所に選ばれるエリアは、恵比寿、品川、上野の駅周辺が多い。理由は繁華街で行き交う人が多く、尾行研修中だと周囲にバレにくいこと、電車での移動がしやすいこと、さらに実際に外国人のスパイが集まるエリアであり、実践的な訓練ができるからだ。

もしこれらのエリアで、あなたの横を眼光するどい3人組が足早に走り去ったら、それは研修中の公安警察かもしれない。人ごみの中の後ろ姿はきっと、あなたの視界からあっという間に消えていくだろう。

## 尾行研修で一番困るのは、逃げ役が女性の下着売り場に入ること

これは私が経験した尾行研修の話だ。逃げ役の教官がとある商業施設に入った。私を含め3人の尾行チームで追っていくと、逃げ役がいきなり施設内にある女性の下着売り場に入っていった。

ここで私たち尾行チームは急ブレーキ。店から距離を置いて、急遽《きゆうきょ》、作戦会議をした。

下着売り場の出入り口は1か所。そこから別に抜け道はないが、あまり距離をとっていると、見失う可能性がある。

とっさにチームの一人が、

「いい考えがある。私の妻の誕生日プレゼントを買うということで、店に入るのはどうか？」

「いや、店員が対応している隙に、ターゲットは逃げるぞ」

「そうなったら、二人で追尾を頼む」

動きかけたところで、逃げ役が店からさっと出てきた。

このように、男性の公安捜査官が入りづらい店はほかにもたくさんあるが、瞬時の判断が必要になる。

研修ではなく、実際の尾行で、男性だけで入りづらい場所などで尾行できるように、ときどき女性の公安捜査官をチームメンバーにしたり、二人でカップルを装うことがある。

実際に外国人スパイが女性を連れてラブホテル街に入ったときも、カップル役の男女の公安捜査官がホテル街で張り込みをしたことがあった。

また、わざと行き止まりの道に逃げることもある。この場合、行き止まりと知らないで尾行していくと、逃げ役のスパイと鉢合わせとなり、顔バレしてしまうので本番では避けたいパターンだ。

さらに厄介なのは、出入り口が表と裏の両方あるビルに入られると、いつの間にか裏の出口から逃げられて見失うこともある。

難しい状況になったときの対応を教官たちから厳しく審査されるのだが、やはり瞬時の判断やエリアごとの環境、スパイが逃げこみやすいポイントの見極めは、実地でこそ磨かれる。

実際にスパイやテロリストを追っているときには、失敗は絶対に許されない。そのためには、日々、実地研修と研究が欠かせない。

だから、一度行った場所、店、道などは一回で覚えなければならない。よく、

「公安のスパイハンターは、方向音痴では務まりませんね」

と質問されることがあるが、確かに方向音痴の公安など、過去に聞いたことがない。もし方向音痴ならそもそも公安には選ばれていないだろう。

スパイを尾行していると、どうしてもターゲットに集中して視野が狭くなりがちだが、つねに俯《ふ》瞰的《かんてき》視野をもっていなければならない。

スパイよりも10手先を読むくらいでないと、袋小路につられて入ってしまったり、出入り口が複雑なビルに逃げ込まれたりして、失尾の危険性が高くなるからだ。

## 公安は自分が不得意なことはやらないのが鉄則

日本の教育は、苦手なことの克服に重きをおく傾向がある。苦手な教科が得意にな

るように勉強して、なるべくどの教科もできるように努力させるのだ。

苦手な勉強ができるようになるのは悪いことではないが、公安の世界では異なる価値観がある。

それは、自分が得意なことだけ磨き、不得意な分野には手を出さないのが鉄則ということだ。それはどういうことか？

公安の研修では新人の公安捜査官が、尾行がうまいのか、秘聴（わからないように会話を聴いたり録音すること）、秘撮（わからないように撮影すること）が得意なのか、さまざまな実地訓練で見極める。

本来なら、尾行が下手なら尾行の訓練を、秘聴や秘撮が苦手ならうまくなるように何度も練習するはず、と考えるだろう。

しかし、公安のスパイハンターたちは、失敗が許されない。一度の失敗が国の大事な機密情報を外国に渡すことになったり、重大なテロ活動を起こさせることにつながりかねないからだ。

そのため苦手なことを訓練して上手になるというより、自分にセンスがあるかどうか知ることがもっとも大事なのだ。

私の場合は尾行が得意だったので、尾行チームに抜擢《ばってき》された。逆に秘撮などは得意ではなかったのでほとんどやらなかった。

秘聴や秘撮はメカが得意な人のほうが、最新型の小型マイクやカメラを上手に駆使できる。ひと昔前は、秘聴や秘撮用に改造カメラやマイクを専門に作る役目の公安もいたくらいだ。

好きこそものの上手なれ、ということわざがあるが、メカが好きな人間は誰かに強いられなくても、勝手に最新技術を研究して活用できるのだ。

また、私のように尾行が得意な人間は、生まれ持って運動能力が高かったり、音楽的センスがあったり、絵がうまい、リズム感がある、ということと同じように、少しの努力で尾行の才能がどんどん開花していく。

このように公安の世界では、不得意なことはやらないが鉄則。「私、失敗しないので」と言い切れる得意なことを磨くことこそ、気鋭のスパイハンターになれる条件である。

そういえば、昔のドラマ『スパイ大作戦』では、変装のプロ、メカ担当、怪力、作戦担当など、それぞれ得意分野が分かれて、ひとつのチームとして活動していた。

中途半端なオールラウンドプレイヤーより、ひとつの分野に精通したスペシャリストが公安のスパイハンターには求められるのだ。

## プロのマジシャンからテクニックを学ぶ

私が新人公安の頃、ユニークな経験をした。マジックのテクニックを学ぶために、先輩に連れられプロのマジシャンに会いに行ったのである。

とくに私は外事課にいたため、外国人のスパイを追うことになる。例えばロシア、中国などは、国を挙げてスパイを養成しているので、自らのミッション成功のために相手を欺くテクニックをたくさん身につけている。

その技術が、モニター（協力者）からＳＤカードを受け取る際や、会社員になりすまして社内から重要な書類を持ち出す際に駆使されるのだ。

公安の場合は、自分がマジシャンのテクニックを使って、目の前のものを消したり、すり替えたりすることはない。スパイがマジシャンのテクニックを使って巧みに重要データを受け取ったり、隠したりするのを見破るために、マジックを学ぶのだ。

マジック実演を受けて感じたのは、見た目はすごいマジックでもタネはものすごく単純であるものが多かった、ということだった。

トランプを使ったマジックなどはさすがにカードさばきの練習や手先の器用さが求められるが、コップの中のさいころを消す、テーブルに置いたコインを別の場所に移動させる、手の中の煙草を消すなどは、タネ明かしされて、「なんだ、そんなことか」と思ったものだ。

さらに、プロのマジシャンから教わったことで、実戦に使えると感じたのが「誤誘導」というテクニックだ。

これは、人の意識を別の場所に注目させることで視線をずらし、その隙に袖の下やテーブルの下に物を隠したり、すり替えたりするテクニックだ。

よくマジシャンが「コップの中には何もありませんね。よく見てください」と、人の視線を一点に集中させたり、身振り手振りを大きくして、そこに注目させるが、人は、一点を凝視すればするほど視野狭窄《きょうさく》になって他の場所に意識がいかなくなる。マジシャンは視線を「誤誘導」することで、マジックのタネを仕込むのである。

外国人のスパイの中には、このマジシャンの「誤誘導」を駆使して、わざとコップの水をこぼしたり、物を落とした瞬間に、人の目がそちらに逸《そ》れた隙を狙って、本物と偽物のデータを差し替えたりする。

「誤誘導」のテクニックを熟知した公安のスパイハンターは、スパイが派手なアクションをしたときほど、一点を注視するのではなく視野を広くする。いわゆる魚眼レンズのような視野で目の前の状況を見る。

私などいまだに皆が視線を向ける以外のところに、つい注目してしまう癖が抜けない。目の前の人が一見、朗らかに笑っていても、足もとで細かく貧乏ゆすりをしていたら、「この場に飽きているか、何か触れてほしくないことがあるのか」など、あえて視線をずらして観察するのだ。

案外、真実は視線から外れたところに隠されている。

## 尾行が上手だとスパイハンターとしてスカウト合戦になる

スパイハンターとして一番需要があるのが、「尾行が上手」ということだ。公安捜査官にとって「尾行」は基本中の基本だからだ。

警察内の研修や警察署勤務で、

「尾行がうまくて、優秀な奴がいるぞ」

と評価が高ければ、スパイハンターとして公安部の外事課と公安課で取り合いになるくらいである。

ちなみに、公安警察に配属される人というのは、

・警察学校を優秀な成績で卒業したエリート
・何らかの才能に特化した人

の2パターンだと思っている。

私が公安にスカウトされた理由は、自分で言うのもおこがましいが、学生時代から英語が得意で予備校で講師のバイトをするくらいのレベルだったのと、尾行が得意だったためだと思われる。

それだけでなく、公安に配属される場合は、入念な身辺調査をされる。私の場合もそうだった。配属が告げられた際には、こちらに「引き受けるかどうか」などの選択

の余地は当然ない。そもそもそこで断るような人物は、選考段階から外れているだろう。

では、警視庁本庁のスパイハンターの尾行班として配属される外事捜査官は、どのように尾行のテクニックを磨いたのか？

これは正直、生まれ持ったセンスが８割と言わざるを得ない。運動神経やリズム感、絵のうまさなどが生まれ持った能力でかなり差が出てしまうのと同じように、尾行のセンスは一種、動物的な勘の良さがかなり重要だからだ。

尾行の経験値によっても、瞬時の判断を下すスピードに違いは出て当然だが、そもそも尾行を警戒しているスパイを失尾せずに追い続けるのは、先々を予測する力、相手との微妙な距離感、アクシデントを起こしたり、ごまかしたりするアドリブ力、相手の心理の裏を突くテクニックなど総合的な力が必要になる。これらは机上の理論だけでは到底マスターしきれない。

野球でたとえるなら、同じ練習量でも草野球レベルの人と、大谷翔平のようなメジャーリーガーとでは、生まれ持ったセンスの違いで差が出てしまうのと同じことだ。本人の努力ももちろん大事なのだが、同じ努力で10のレベルの人と、１００のレベルになる人なら、後者が選ばれるのは当然だ。

とくに公安部外事課でスパイハンターになる人間は、生まれ持ったセンスに努力を重ねる人物が選ばれる。

政治団体によるデモなどの集会や監視対象の建物周辺には公安捜査官が必ず張っている。公安捜査官は「面割り」といってターゲットの顔を正面だけではなく、横顔、後ろ姿からでも認識できる。そのような能力は警察学校などで教えられるのではなく、実践で身につけていく。そこで、「面割り」が得意な人間は、やはりもともとセンスがいいとしか言いようがない。

私も外事課でオペレーションの指揮官を務めていたときは、同様の基準に引っかかるような新人を採用していた。

一を聞いて十を知るように頭の回転が速く、勘が良くて察しのいい人物は、尾行も上手だ。

まずスパイハンターの候補として挙げられるだろう。

## 公安が人の顔と名前、情報を瞬時に記憶する方法

公安捜査官には共通する特技がある。それは相手の顔と名前、住んでいる場所などの基本情報を瞬時に記憶することだ。

じつはこれにはコツがあり、相手の情報と自分のデータを上手にリンクさせる。例えば、相手の名前が自分の先輩と同じだったら、「学生時代の●●先輩と同じ名前」と覚える。また住んでいる場所は「若い頃、自分が住んでいた場所と同じ沿線」と紐《ひも》づけて覚える。

では公安捜査官は、なぜ瞬間記憶術を身につけないといけないのか？　それはスパ

イを追う任務の際、メモをとれない状況が多いからだ。

そのために日々の訓練も大事だ。喫茶店に行ったとき、先輩から「後ろにいた女性の服の色は？」「真後ろに座っていた人の性別と年齢層は？」などとよく質問された。繰り返すうちに自然と覚えるようになった。

また、一度訪れたことのある場所や建物に関して、頭の中の記憶だけで見取り図が描けるのも、瞬間記憶術の訓練のたまものだ。

これらのことができるようになると、店の中にいる人物の誰が不審者、もしかしたらスパイなのか、瞬時に見分ける訓練をすることもある。

まず店に入った瞬間、スパイの第一候補と、第二候補を直感で決める。次に、このスパイがどのような目的でこの店にいるのか？　誰と待ち合わせているのか？　と注意深く観察する。

とくに怪しげな動きがなければ、第一候補をターゲットから外して第二候補に変えることもする。このように普段から訓練していると、瞬時に場所の見取り図とその場にいた人たちを写真に撮るように記憶できるようになる。

この瞬間記憶術はモニターから情報を得るときにも役に立つ。ときにモニターから「Eyes Only」と書かれた資料を見せられてメモをとれないことがある。これはその場で見るだけで、コピーをとったりするのは厳禁、ということだ。

どうしても覚えておかないといけない場合は、トイレに行って、自分の腕にボールペンでメモをとったりしたこともあった。資料を速読して必要な箇所だけ瞬時に記憶するのだが、これは「絶対に記憶しなければ」という緊張感で脳がフル回転し、自然とできるようになった。

# 第2章 スパイVS公安警察、水面下の死闘

## SPや機動隊と公安が唯一、タッグを組むとき

警察の警備部と公安は基本、一緒に活動することはない。しかし、唯一、タッグを組むのがＶＩＰの警護をするときだ。ＳＰ（警備部警護課）がＶＩＰの近くで警護し、公安がその周辺に不審者がいないかどうか監視をするためである。

日本でサミットが開催されたり、オリンピックなど国際的な大会が行われ、そこに諸外国のＶＩＰがゲストで招かれたり、終戦記念日などで首相クラスのＶＩＰが参列したときなど、ＳＰや機動隊と公安が一緒にＶＩＰを広範囲にわたって警護する。

ここで疑問をもった人がいるかもしれない。

「警備なら全国の警察官やＳＰ、機動隊を集めればいいのであって、公安はいらないのでは？」

そのような疑問には、ＳＰ、機動隊、公安のそれぞれの役目と特化した任務の違い

から必要性を説明できる。

まず、ＳＰは「動く壁」と呼ばれるように、ＶＩＰの身辺警護をし、仮に襲撃をされた際は自ら身を呈してＶＩＰの命を守るのが仕事である。

かわって機動隊は、主に治安警備や災害警備等を任務としているが、ここ数年は警察を取り巻く治安情勢が変化していることもあり、国際組織の犯罪対策や市民にとって身近な治安問題などにも機動隊の集団警備力を使って積極的に活動している。

また、さまざまな犯罪の抑止や検挙活動、交通指導に関する取締りなどに従事しながら、状況によっては専門的技能を必要とする山岳救助のレンジャー部隊、機動救助部隊、水難救助部隊による救助活動や、爆発物処理・化学防護部隊による爆発物の処理など、国内の治安維持のための活動を行っている。

ＳＰと機動隊の共通点は、いずれもその存在を周囲に知らしめて、右・左翼やテロリスト、襲撃犯を威嚇して防衛力を上げる目的がある。

かわって公安警察は、国民の安全を確保するため、国際テロ組織、過激派、右翼などによるテロ活動を未然に防ぐための対策をはじめ、日本に対しての有害活動の取締り、サイバー攻撃に関わる捜査や対策、NBC（核・生物・化学物質）テロを実行させないための予防活動がメインとなる。

公安警察は法執行機関なので、捜査が可能だ。これは「捜査関係事項照会」という協力要請によって、行政機関や企業などから、さまざまな社会生活の情報が得られるようになっている。これによって、怪しい人物の情報を調べることができるのである。

それは国外から来たスパイを監視するのにも役立つ。警察のなかに公安が存在しているメリットはこういうところにある。

VIPの周辺ではSPが警護し、会場や施設内では警察官が警護し、施設の周辺で機動隊が守り、私服の公安が会場内や受付周辺、または周辺の建物近辺で不審者を監視する。

この役割分担で二重三重に警備することで、安全はさらに守られる。ＶＩＰを徹底的に警護するということは、その関係者や会場内にいるすべての人々の安全が確保されることにもつながるのである。

「虫の目・鳥の目・魚の目」という言葉がある。「虫の目」は複眼であることから「近づいて」さまざまな角度から物事を見るということ。いわば、これは「ＳＰ」の動きと共通する。「鳥の目」とは、高い位置から「俯《ふ》瞰的《かんてき》に全体を見回して」見るということ。これは事前の調査も含めて「公安」の動きと共通する。「魚の目」とは、潮の流れや干潮満潮という「流れ」を見失うなという意味で、「機動隊」の警護と共通する。

このように「多角的視点」をもつことが、国全体の安全につながるといえる。

## ハニートラップは段階的に接近してくる

スパイ関連の話になると、必ず出てくるのが「ハニートラップ」についての話だ。

ハニートラップとは読んで字のごとく「色仕掛けの甘い罠《わな》」のこと。

最近ではスパイに限らず、芸能人が売名行為や示談金目当てで近づいてきた美女に騙《だま》されて、ツーショットの写真やネタを週刊誌に売られることも指すようになった。

ハニートラップの話になると、なかには、

「いくら美女が近づいてきても、普通はおかしいと思うでしょう。私は騙されない自信ありますよ」

と豪語する人がいる。さすがにいきなり好みの美女が目の前に現れて、

「これから二人きりになれる場所に行きませんか？」

と誘ってきたら、誰でもおかしいと思って警戒するだろう。

その点、本物のスパイが仕掛けてくるハニートラップは実に巧妙だ。なぜなら、段

階的に接近してくるからだ。

筋書きはこうだ。まずは、馴染《なじ》みの店で新しく女性の店員が働くようになった。目を見張るほどの美人ではないが、笑顔がかわいい女性だ。

何度か顔を合わすうちに、世間話をするようになった。その彼女は、こう言う。

「じつは、近くのチャイニーズレストランでも働いているんです。今度、一緒にランチでもいかがですか？」

何度か顔を合わせているうちに、このような誘いにも違和感がなくなってくる。

心理学用語に「ザイオンス効果」（単純接触効果）というのがある。人は接触回数が多い人やものに対して心を開いて親近感を抱いてしまう、というもの。

ハニートラップはこの心理を利用する。近所のレストランでランチを一緒にするくらいなら、流れ的に何も違和感を抱かないからだ。

このように少しずつ接近して安心させ、二人きりになるハードルを下げるのがハニートラップの常套《じょうとう》手段になる。

二人で会うきっかけができたら、今度は「自己開示のテクニック」を使って、自分のことを話すことで相手からの信頼を得る作戦に出る。自己開示された相手は「これだけ自分のことを話してくれたのだから、こちらも何か話さなければ悪いな」と感じて、今度は相手が知りたい情報を話してしまうのだ。

またハニートラップの場合は、仕掛ける側の女性が騙したい相手の男性にあえて自分の弱みや悩みを話すこともよくある手だ。国際ロマンス詐欺も、まさにこのパターン。「何とか力になってあげたい」「救ってあげたいと思うのは、相手の女性のことが好きだからだ」という恋愛感情を芽生えさせるためだ。

ハニートラップはこのように、段階的に接近して、相手に親近感や恋愛感情を抱かせて巧みに男女の関係にもっていく。相手の女性がもともと自分の好みだった場合は、知らず知らずのうちにトラップに引っかかってしまうのだ。

こうして相手が欲しい情報をいとも簡単に渡してしまったり、ベッドでのツーショット写真を撮られてゆすられてしまうことになる。

ちなみに、「ザイオンス効果」には、効果のある期間が決まっていると言われている。接触回数は10回までがピークなのである。

仮にハニートラップを仕掛ける相手と10回会うまでに、トラップに引っかかってこなければ、相手の好みではなかったか、警戒心が異常に強いかなどの理由で、そのハニートラップは失敗したと言える。

じつは、こんな実話がある。ある大物政治家に外国のスパイ組織がハニートラップを仕掛けた。何人かの美女を送り込んだが、その政治家は全く見向きもしない。

そこで送り込まれたのが、長身のイケメンだったという話だ。

ハニートラップも多様性の時代なのである。

## 経済安全保障大臣のポストが創設されて変わったこと

公安警察に身を置いた人物には、退職後、暗黙のルールがある。

「自分の功名を語らないこと」

「現役時代に得た秘密や情報は墓場までもっていくこと」

かくいう私も、公安部外事課に所属していたため、日本の国内外の機密情報に触れることも多く、墓場までもっていく情報はいくつもある。


しかし、ここ数年、少しずつ公安部内の認識が変わってきたように思う。それは、令和３年（２０２１年）に経済安全保障大臣のポストが創設されたことがきっかけだ。世界情勢が不安定になり、地政学的な緊張が高まるなか、自国の脆弱性《ぜいじゃくせい》や潜在的なリスクを軽減する方法として「経済安全保障」という概念が注目されている。経済安全保障とは、経済上の措置を講じ国の平和と安全や経済的な繁栄等の国益を確保することを指す。

これにより、民間企業と外事警察との連絡が活発になった。私が「スパイやテロ組織から身を守るアドバイス」を書籍やセミナーで紹介し、コンサルタントとして活動しはじめたのも、元公安ということをオープンにして、スパイの手口をあえて外交官や海外勤務のビジネスマンに教えることで、自衛してもらうためである。

それは、日本にスパイ活動防止法という法律がないということが大きい。先進国でスパイ活動防止法がない国は、日本くらいだ。

現在の日本ではスパイ活動によって国防や外交上の機密情報等が盗み出されても、スパイ活動そのものを禁じ、またスパイを逮捕する法律がない。

アメリカやイギリスなら、スパイ活動がわかった時点で逮捕、起訴できるが、日本の場合は、情報が流出した際、現行犯かそれに近い状況以外は逮捕することができないため、なかなか立件されることはないのが現状だ。

ここで、世界各国の諜報《ちょうほう》、防諜機関を紹介しよう。

・アメリカ（ＣＩＡ、ＦＢＩ）
・ロシア（ＫＧＢ、ＧＲＵ、ＦＳＢ）
・イギリス（ＭＩ５、ＭＩ６）
・ドイツ（ＢＮＤ、ＭＡＤ、ＢｆＶ）
・フランス（ＤＳＴ、ＤＳＰＤ、ＤＧＳＥ）
・イスラエル（ＭＯＳＳＡＤ）

右記の国以外にヴァチカンでさえ活発な諜報活動を展開している現状を思うと、日本がいかにインテリジェンスに関して手薄なのかがわかる。

スパイ活動防止法がある主な国のスパイ罪の最高刑は、次のようになっている。

・アメリカ（連邦法典７９４条＝死刑）

・イギリス（国家機密法1条＝拘禁刑）
・フランス（刑法72・73条＝無期懲役）
・スウェーデン（刑法6条＝無期懲役）
・ロシア（刑法典64条＝死刑）
・中国（反革命処罰条例＝死刑）
・北朝鮮（刑法65条＝死刑）

最高刑に死刑が多いことから、国の機密情報の流出は、厳罰に処せられることがわかる。それほどスパイを取り締まることが重視されている。

元公安である私から言えるのは、日本も国を挙げてスパイやテロに関しての抑止力を高めることが重要だということだ。

「日本はスパイにとって天国だ」

といつまでも言わせておくわけにはいかない。

あなたのすぐ近くにも、スパイは潜んでいる。そのことを忘れてはいけない。

## 追っている組織の中にモニター（協力者）をつくれ！

公安の捜査方法としては、潜入捜査よりもスパイ組織の中に協力者（モニター）を作るほうが主流である。

だからと言ってモニターを作ることは容易ではない。見当違いの相手をモニターにしたところで、有益な情報が得られないばかりか、逆に公安の動きを密告する危険性もある。

通常は、半年ほど時間をかけて接近してモニターになりうる人物か基礎調査（基調）を行う。

モニターになりうるかどうかをどのように判断するのかというと、相手に入り込む弱点を見つけることが一番だ。例えば、ギャンブル好き、借金がある、お酒が好きで毎日飲むなど、こちらから条件を提示したり、接待をすることで話に乗ってきやすいかどうかをチェックする。

いわゆるつけ入る「隙」があるかどうかを見るのだ。

もちろん口が堅いことも大事。口が堅いかどうかを見分けるには、悩みごとの相談をされる、周りから信頼されている、噂《うわさ》や悪口を言わない、相手から必要以上に聞き出そうとしないなどのポイントがある。

口外する恐れがある場合は、情報の対価として金銭を渡して、口封じをするケースもある。

ただし良い情報が得られない場合は、モニター対象から外すことを検討する。一見、有益な情報に思えても、裏取りをしてみるとガセやデマだとわかることもある。

また、稀《まれ》にあえて公安だと告げて協力してもらうケースもある。この場合は、継続的なコンタクトはとらず、有益な情報をもっていると目星をつけた相手に、

「質問がたくさんあって申し訳ないが、知っていることを教えてほしい」

と一番知りたい情報がバレないように、いくつも質問を並べることもある。


また、情報をたくさんもっているであろう警察マニアは、一見、情報収集する相手には良いように思えるが、反面、口が軽いこともあるので注意が必要だ。

なぜなら警察マニアは、警察関係者と接点をもつことに喜びを感じるからだ。周囲に自慢したかったり、他の警察マニアにマウントをとりたい気持ちから、つい、

「俺、警察関係者からコンタクトされたよ」

とベラベラ喋ってしまう可能性が高いのである。

熱心な「オタク」の扱いには、十分注意が必要なのだ。

## 公安には表部隊と裏部隊がある

スパイなどの対象者を尾行するチームには、外事警察の存在をあえて相手に知らし

めて、相手の意図する行動をさせずに見張る「強制尾行チーム」（表部隊、表班）と、絶対にバレずに尾行する「秘匿尾行チーム」（裏部隊、追っかけ班）がある。

オペレーションによって、「強制尾行」か「秘匿尾行」かは変わるのだが、国の重要人物に対してスパイが接近していることがわかった場合、表部隊がスパイをあえて徹底的にマークしてターゲットに近寄らせないようにする。マスコミなどには決して出ないが、これで未然にスパイ行為やテロ事件を防いだ事例はたくさんある。「強制尾行」をすることでスパイが任務を果たすことができないと、スパイは任期半ばで帰国することもある。

秘匿捜査には、スパイに絶対にバレてはいけないというミッションがあるため細心の注意が必要であるが、強制尾行はあえて存在をアピールするのが任務でもあるので、公安捜査員たちにとって意外と楽しい仕事であったりする。

例えば、通常、尾行はターゲットと50メートル以上離れて追尾をするが、「強制尾行」のときは、ドラマの尾行シーンのように、5メートルくらいまで近づいて「あなたを尾行していますよ」とバレバレのアピールをする。

店の前で張るときも、店の出入り口のわかりやすい場所で待機して、スパイが出てきたとたん、外事捜査官が追尾したりする。

一般の方は尾行された経験はないと思うが、バレバレの尾行は相手にとって「単なる嫌がらせ行為」なので、かなりのストレスになる。

実際に、ロシアのスパイに対して「強制尾行」をしていたとき、公衆トイレの中でも隣にべったりマークしていた公安捜査官にキレて、

「おまえたち、いい加減、ついてくるな！」

と、食ってかかってきたスパイもいた。

このように何日も何週間も徹底的に尾行されたら、プロのスパイでもお手上げだと思う。結局、諜報活動がいっさいできなくなったスパイは、自国に帰っていく。

これが「秘匿尾行」になると、尾行する側がかなりのプレッシャーになる。仮に失《しっ》尾《び》した場合は、オペレーション自体が失敗に終わる可能性もあるからだ。チーム内の連携も大事な上、瞬時の状況判断が「秘匿尾行」の明暗をわけるのである。

ちなみに私は「秘匿尾行」のほうが得意だった。スパイが尾行されていることに全く気付かず余裕の表情を見せているのを、秘匿尾行をしながら眺めるのはスパイハンター冥利に尽きるのである。

## JR大塚駅は、スパイが「点検／消毒」に使う駅

公安捜査官がスパイを尾行していると、逆に相手に気づかれて尾行し返されることがある。

ターゲットの組織も当然、公安の動きをつねに探っている。追ってくるとわかっていて、逆に尾行してきた公安捜査官を尾行し返すのは、

「こちらも、あなたたち公安の動きは事前に察知していますよ」

**JR大塚駅**

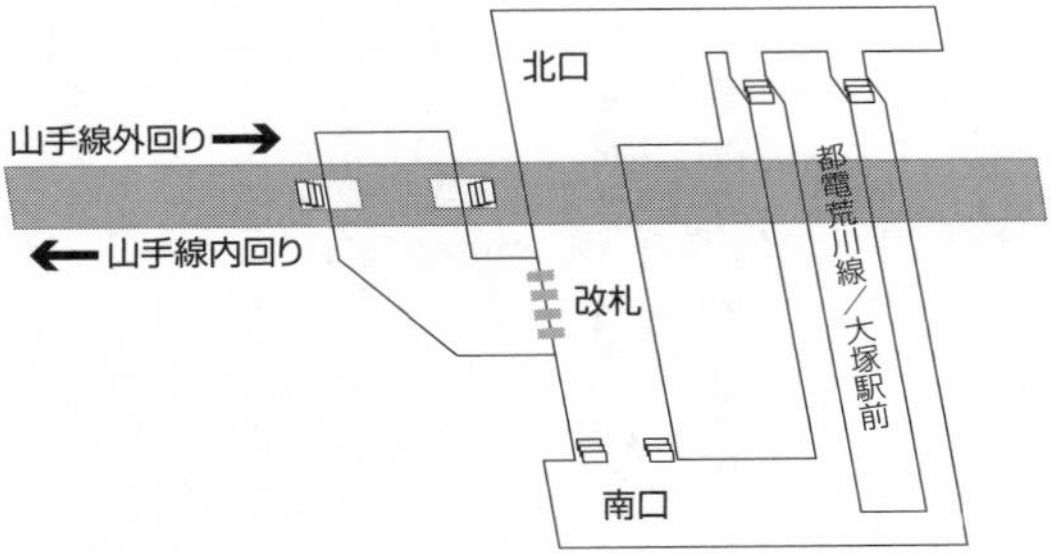


という暗黙のサインだったりする。

それをわかった上で、公安の尾行班の捜査官は、尾行した日は必ず「点検」（尾行されていないか何度かチェックすること）と「消毒」（尾行者を振り切る行動）を徹底して行う。

ただし、「点検」と「消毒」には、しやすい場所と、しにくい場所がある。当然、人の出入りが少ない場所は、「点検」はできても「消毒」はしにくい。

じつは、ＪＲ大塚駅は、ひとつのプラットホームに左右から電車が入って来る駅なので、スパイがよく「点検」と「消毒」をするために使う場所である。

ＪＲ山手線外回りの電車に乗って大塚駅で降りて、改札に向かうと見せかけて、内回りの電車が来たときにさっと飛び乗るか、外回りの電車を降りて、内回りの電車に乗ると見せかけて、また外回りの電車に乗って撒《ま》くケースもある。

または、そのまま大塚駅では降りないのかと思いきや、扉が閉じる寸前で降りて、そのまま都電荒川線に乗って逃げるケースもある。

しかし、公安はスパイのそのような動きを「ある場所」からチェックして見破るテクニックがある。これは私がいた尾行チームしか知らない。ほかのチームには伝承されず極秘だった。

逆に、公安側が「点検」「消毒」によく使う場所もあるが、これも他のチームと共有されることはない。

また別の公安チームと現場で鉢合わせすることはよくある。その際、「目を合わせてはいけない」というルールがあった。

もちろん他のチームのメンバーとは、飲み会などの行動もいっさい禁止だ。

あるとき「とある場所」で、他のチームとすれ違ったことがある。誰かを尾行している様子はなかったので、「点検」と「消毒」をしていたのだろう。

もちろん、すれ違っても目すら合わさない。ただ、お互い同じ場所で「点検」と「消毒」をしていたことがわかったので、その場所は二度と「点検」と「消毒」で使わなかった。

そのような些《さ》細《さい》な接近遭遇でも、リスクがあるなら即回避する。それが公安のルールでもある。

ちなみに、私もとくにスパイを追った日は、逆にスパイ仲間から追われる可能性もあることから、まっすぐ家には帰らず、必ず「点検」「消毒」をしてから帰っていた。

この場所、このビルに持ち込んだら絶対に撒けるという自分が得意な場所を地区ごとに2、3か所作っておいたのだ。

これは公安捜査員には必須のことで、一般人でもストーカーを撒く手段として使える。

## スパイを追うときは目くばせ禁止。ブロックサインで指示

公安のスパイハンターは、どのくらいスパイにバレずに尾行しているのか？　よく訓練されたスパイの場合、自分たちを追っかけているのが誰なのか、つねに注意を払っている。

とくにロシアのスパイは自国でしっかり訓練をしてから派遣されるので、こちらも慎重に尾行をしないと、相手にバレる危険性が高かった。

例えば、電車の中や街中でスパイを見かけたときに、公安捜査官同士で、「あいつだ」という意味で、アイコンタクトをとっただけでも、その一瞬でバレてしまうこと

がある。

そのような経験から、尾行中は公安捜査官同士でアイコンタクトをすることは禁止である。ターゲットと距離が離れているときは、ピンマイクを使って無線でやり取りする場合もあるが、電車内などの接近戦では、あらかじめ「耳たぶを触る、左腕を触る、上着のごみを払う」など、野球のブロックサインのように決めておく。

または小型無線機のプレストークボタンのスイッチを入れて「カチ、カチ」と何回か鳴らすと「危険、脱尾《だつび》せよ」というサインであることなどを、事前に決めてやり取りする。

もちろん、サインは定期的に変更するのでスパイにバレることはない。

ただ注意しなければならないのは、アイコンタクトはしなくても、ターゲットと同時に仲間のサインもチェックしなければならないことだ。

ターゲットにだけ集中して、仲間のブロックサインを見逃してしまうと、ミスが起こるからだ。

そのために、公安捜査官の視野は魚眼レンズのように広くなければいけない。相手を直視するのではなく、目の端でターゲットをつねに追うようにする。

目玉をギョロギョロと動かしてもダメ。なるべく自然に視線を動かしてターゲットを見ながら、仲間とサインをやり取りしなければならない。

これが息の合ったチームになると、いちいちサインを出さなくても以心伝心で動けるようになる。お互いの考えていることが手に取るようにわかるので、尾行のときは瞬時の判断をミスなく行うことができる。

たぶん、プロのサッカーやバスケットボールのチームプレーにも通じるものがあると思う。先を読んでいいパスを出してゴールを決めるような感覚だ。

## たった一度だけの失尾。忽然《こつぜん》と消えた外国人モニター

どんな職業にも「ヒヤリハット」の事例はある。とくに医療現場での「ヒヤリハット」は、患者さんの大事に至るので、細心の注意を払わなければならない。

それは公安の仕事でも同じ。私も現役時代、たった一度だけ、ターゲットを途中で失尾したことがあった。

それは私も含む3人の公安捜査官で、スパイのモニター（協力者）の外国人を電車の中で追っていたときのことだ。いきなりモニターが、ドアが閉まる寸前にさっと降りた。私は直前にそれを察知して、自分だけ電車を降りた。

それからまさに1対1の追跡となった。駅の改札を出るとすぐ、まっすぐ続く道と、左に曲がる道があった。いつもと違って1対1だったのでモニターから30メートルほど離れて後を追っていたが、外国人モニターが左に曲がったので、自分はあえてまっすぐに道を歩いていった。

すると、左手に歩いているはずのモニターが忽然と消えたのだ。その先は住宅街で、大通りには面していない。

仮に民家に隠れたとしても、その後、自分の家には帰るはずだ。私は、仲間と合流してモニターの住むアパート近くで張り込んだが、結局その日以来、家にも帰らず、職場にも現れなかった。

勤め先は捜索願を出したがついに見つからなかった。もちろん港も空港も全部確認したが、出国した気配はなかった。その男はロシアのスパイに協力していたモニターだったので、組織に消されたのかもしれない。

このように尾行していたターゲットが神隠しにあうように、忽然と消えることがある。スパイの組織がどこかでかくまっている可能性もあるが、この一件だけは今も謎のままだ。まさに真実は小説より奇なり、である。

## 北朝鮮は暗号に乱数表を使う

在日北朝鮮人は、日本に30万人ほどいたが、今では数万人に減っている。それでも、北朝鮮にいる将軍様のために日本でスパイ活動を行っている者もいると聞く。そういう人たちを「スリーパー」と呼ぶ。

今も「スリーパー」は全国に潜伏している。北朝鮮のスパイは、一定時間に数字だけを読み上げるラジオ放送を連絡手段として使う。

その数字を乱数表と換字表に照らし合わせると、文字として解読でき、連絡内容がわかる仕組みだ。乱数表による暗号は、公安警察の「ナミ班」（電波の「波」のこと）という、ラジオを含む電波をずっと聴いてスパイ活動を傍受するチームにすぐ解かれてしまうので、北朝鮮のスパイは乱数表や換字表をときどき変えている。

例えばラジオから「7・8・10・11・5」という数字が流れてきたとする。それを乱数表に当てはめると「6月5日23時●●海岸●●岩ライト2回……」という指示になる。

古典的なやり方ではあるが、今でも北朝鮮のスパイたちは、本国とこのようなやり方で連絡を取り合っているようだ。

かわってロシアは軍出身の外交官はスパイである可能性が高い。私も在外公館から日本に戻ってきてからは、日本にいる諸外国の大使館のすべての窓口担当をしていた。当然、ロシアの外交官ともやりとりをする。その際、

「ロシア軍の出身なんですね。それで今、外交官として日本に滞在されているのですね」

という会話をしたとしても、相手はもちろん、スパイという素振りは微《み》塵《じん》も見せない。

ロシアのスパイのなかには、軍出身の外交官も多い。

逆に中国大使館にいるスパイは普通の外交官が多い。中国はそれ以外にも、日本の企業に多数の中国人スパイを潜り込ませているという情報がある。また中国人留学生にスパイ行為をさせたり、ハニートラップをさせたりするケースもあるようだ。

これらを合わせると日本では数万人規模の中国人スパイが活動していると言われるが、スパイマスターのポジションにいる中国外交官の身分を有するスパイは、決して

表舞台には出てこない。

結局は、モニターたちや末端で動くスパイたちが実働している。これは何人も間に人を入れることで、どこで指令を出しているのかわからないようにするためだ。

## 家バレした先輩公安の悲劇

公安捜査官が家に戻るときに「点検」「消毒」をして、スパイ組織からの追っ手を撒くという話は前述したとおりだ。

それは、相手スパイに自宅がバレないようにするためである。私の現役時代の先輩の公安捜査官は、ある国のスパイ組織に自宅の住所がバレてしまったことがあった。

その後、先輩の自宅の玄関の前には、動物の死骸を置かれたり、汚物が置かれたりした。また差出人不明の手紙で「お前の娘がひどい目に遭っても知らないぞ」と脅迫の手紙が送られてきたこともあった。

それからしばらくの間、警察が定期的に家の近所をパトロールしたり、監視カメラを玄関の前につけたりして嫌がらせはなくなったそうだが、家バレは絶対に避けなければならない。

賃貸の場合は引っ越せばいいのだが、持ち家の場合は簡単に引っ越すことは難しい。私の場合は、長い期間、秘匿捜査をしたり、危険な組織のターゲットを尾行したときは、自宅にはすぐに帰らず何日かホテルに滞在して安全を確認してから自宅に戻ったこともあった。

家バレするということは、住んでいる場所がバレただけではなく、身バレ、顔バレしたということ。それは公安の仕事の継続が難しいことを意味する。

ある意味、公安捜査官はどんなトップスターよりも、家バレしてはいけない存在でもあるのだ。

私は現役時代の癖が抜けず、今でも家を出るとき、帰宅するとき、まずは周囲を見回して、怪しい人物がいないか、不審な物が置かれていないかチェックしてしまう。

これはもう無意識レベルだ。

家の前に見慣れない車が止まっていないか、挙動不審な人物がうろついていないか、不審物が放置されていないか、などは公安捜査官だけでなく、一般の人達もぜひチェックする癖をつけてほしい。

その一瞬の「おや、変だな」という違和感が犯罪を未然に防ぎ、身の安全を確保することにつながるのを知っていただきたいと思う。

## スパイに狙われやすい職業とは?

よく、

「スパイに狙われやすい人の特徴は?」

と質問されるが、私が知る限り、次の3つの職業は確実にスパイから狙われている。

1．ビジネスマン

２．公務員
３．芸能人

　１のビジネスマンだが、ここ数年は軍事の精密機械に関わる会社や工場の人、大手企業のエンジニア、メディア関係者が狙われるようになった。

　具体的には精巧なレンズの開発会社の技術者などであれば、その情報が潜水艦の望遠鏡へ軍事転用できるので狙われやすい。

　また情報・ＩＴ関連のビジネスマンは相変わらずターゲットにされている。具体的には平成31年（２０１９年）、大手通信会社に勤めていたビジネスマンが不正に社内のサーバーにアクセスして営業に関する社外秘データを取得して、ロシアの外交官であるスパイに渡した事件があった。

　スパイは巧みにターゲットに近づいていくので、最初はまさか相手がスパイだとは気づかない。例えばファーストコンタクトでは、

「このあたりで、おいしいお店はありませんか？」

「●●までの道を教えていただけませんか？」

と、外国人から声をかけられたら、おもてなし精神のある日本人なら誠意をもって答えてしまうだろう。

そこでスパイは、セカンドコンタクトを仕掛けてくる。

「お礼がしたいので、名刺をもらえないですか？」

「今度、この近くのカフェでお茶でもしませんか？」

「日本語の勉強をしているので、教えていただけませんか？」

このように、自然と次に会う約束をとりつけるのだ。

ここから、スパイの要求はどんどんエスカレートしてくる。

「社内報をくれませんか？」

「プレゼン資料を見せてくれませんか？」

「取引先名簿のデータがほしい」

その都度、お礼だといって謝礼金を渡してくる。その金額も最初は少額だが、スパイの要求が高くなるにつれて、金額は上がってくる。ここまでくると、もう引き返せない。

途中で断ろうものなら、

「あなたはお金をもらっているので、私があなたの会社にばらしたら大変なことになりますよ」

「私はあなたの家族の情報や実家を知っています。どうなってもいいのですか？」

ここまでエスカレートしてしまったのが、先に紹介した大手通信会社の事件だ。結局、会社の情報を盗んだこの社員は、不正競争防止法違反の罪で懲役２年の有罪判決を受けたのだった。

## 日本はなぜスパイ天国なのか？

Ｇ７サミットに加盟しているカナダ、フランス、ドイツ、イタリア、イギリス、アメリカ、日本の7か国のうち、日本以外の国はスパイ活動防止法などスパイを取り締まる法律がある。先進国でスパイ活動防止法がないのは実際、日本だけだ。

例えば、日本では企業の情報をプリントアウトしたり、ＵＳＢに入れたりして持ち出した場合、窃盗罪や横領罪などの現行犯に近い形で捕まえないと、スパイ行為を取り締まることができない。

スパイは大体、外交官の身分を持っている。外交官は「ウィーン条約」における「外交特権」によって派遣先の国で罪を犯しても逮捕できない。そもそも「スパイ活動防止法」がある国であっても、外交官は逮捕できないのである。

しかしスパイ活動防止法がある国では、「お金を渡すから、資料を持ってきてくれ」と頼み、「わかりました」と了承した時点で、協力者をスパイ行為で逮捕できる。法律があることによって、現行犯より前の段階（そそのかし）であっても逮捕できるのである。また、スパイ活動で逮捕されると厳罰に処せられると法律で規定されることで、スパイ活動への抑止力を期待できる。

日本の場合は、そのやり取りだけではまだ実際に何にもやっていないので、現行犯として成立しない。実際にＵＳＢに入れて持ってきた時に現場で捕まえなければいけないので、なかなか難しいのだ。

実際にある国から日本に送り込まれているスパイは３万人と言われている。それは外交官だけでなく、日本で働くビジネスマンもいれば、留学生もいる。

彼らは普段、日本に住む外国人として普通に生活しているが、スパイ組織から依頼がくれば、スパイというもうひとつの顔でターゲットに接近して情報を盗みにくる。

スパイ活動にはさまざまあり、ある特定の人物に狙いを定める場合もあれば、ＳＮＳである程度絞り込んでからダイレクトメッセージで声をかけるパターンもある。

「趣味が同じですね。今度、私たちのサークルに参加しませんか？」

などと、共通の話題をエサにして巧みに声をかけるのだ。

また最近多いのは、外国人女性が多く働くパブなどで、客からいろいろ会社の情報などを聞き出したり、その客の中でとくに情報が欲しい人を見つけた場合、その客が気に入った女性従業員にハニートラップを仕掛けさせたりするケースである。

このようなスパイ行為が簡単にできてしまうのも、日本にスパイ活動防止法がないからだ。外国のスパイは、日本では情報を盗んでも簡単には協力者が捕まらないと安心している。日本にスパイ活動防止法がない現在、国民がスパイに関して防衛意識を上げるしかないのである。

あなたの隣で、今もスパイは情報を盗むために狙いを定めていることを、忘れないでもらいたい。

## 公安の表部隊と裏部隊でスパイ活動を未然に阻止

「スパイ事件なんて、数年に1回くらいしかないでしょう」

ある著名人に言われたことがある。表に出ている情報はほんの一部。氷山の一角でしかないことを思えば、そう言われても仕方がないのかもしれない。

たとえば、平成27年（２０１５年）の元陸上自衛隊陸将による情報漏洩《ろうえい》事件のようにうまく検挙できて、かつ報道発表できたのはごく一部。ほとんどは公安が途中でつぶしている。

公安には「表班」と「追っかけ班」がいるという話は前述したとおりだ。スパイのミッションをつぶすには、「表班」が「追っかけ班」に替わって、スパイに対してわかりやすく監視を続けるのだ。

たとえば、スパイが大使館を出ると、スパイが公衆トイレに行こうが、エレベーターに乗ろうが、「表班」がずっとスパイの横について、スパイが狙っている相手と接触させないようにする。これ以上作戦をやらせなければ、公安の勝ちだ。

そうなるとスパイは、今までずっと情報を抜いていたのが抜けなくなる。結果、オペレーションが失敗したということで、スパイは本国に帰ることになる。

そうは言いながらも、帰国した形跡のないまま消えた外国人スパイもいる。これも公にされることはないが、組織に消された可能性が高い。

このように陰では表班と追っかけ班の連携プレーによって水際で抑えた事案はたくさんあるのである。

# 第3章 スパイハンターマル秘テクニック

## 循環式尾行の華麗なフォーメーションとは？

公安部のスパイハンターのチームには、それぞれチームごとに得意技がある。例えば、尾行の際、スパイに絶対に気づかれないために、途中で追う人間が入れ替わる尾行のやり方がある。

これは「循環式尾行のフォーメーション」なのだが、そのテクニックは他の班には共有されない秘伝となる。

例えば、6人がワンチームの場合。尾行スタートの時点では「A、B、C」の公安捜査官がスパイや協力者、過激派を尾行する。

同じ顔ぶれで追っていると相手にバレる可能性が高くなるので、ピンマイクの無線でやりとりして、ターゲットが建物に入ったり、電車に乗るタイミングで今度は「D、E、F」の後半チームが入れ替わって追うのだ。

ただし、状況に応じて、途中で一人だけ脱尾《だつび》して二人で追尾し、また途中で別の二人が合流するパターンなど、フォーメーションは何パターンも用意する。

基本は事前のミーティングでフォーメーションを決めるが、ターゲットの動きは事前に予測できないために、その場で随時、変更しながら尾行をしていく。

さまざまなフォーメーションを試しながら、どうすればより効率よく、ターゲットにバレずに尾行できるかデータを取ることも大事になる。

それによって、そのチームの得意な「循環式尾行のフォーメーション」が完成していくのだ。

私が所属していた公安部のチームの「循環式フォーメーション」は、尾行する地域の特徴によって使い分けていた。

商業施設が多い地域なのか、マンションなどの多い住宅街なのか、郊外で人通りがあまり多くない地域なのかによって、フォーメーションは当然変わる。

これ以上言及すると作戦がスパイにバレてしまうので、詳細は差し控えることとする。

## 公安外事課の中では事件班と追跡班に完全に分かれている

公安の仕事は秘匿捜査が多いため、外事課の中では、尾行や情報収集がメインの追跡班と事件班に分かれている。

追跡班は尾行などで得た情報を元に、スパイ事件として立件できるとなったときに、事件班に情報を移す。

なぜかというと、追跡班の人たちは顔も名前も全部伏せて、尾行しているのにもかかわらず、捕まえた後に追跡班が取り調べをしたり、裁判になったときに傍聴人と同席したりすると、一般の人に自分の名前や顔を晒《さら》すことになるからだ。

とくにガサ入れになるようなケースは、顔バレしてもいい事件班が担当することになる。

私は追っかけ班だったため、集めた情報を何度か事件班に渡したことはあるが、このときも直接、事件班のメンバーとやり取りすることはほとんどない。

追っかけ班と事件班の間では、それぞれの班を統括する幹部と一部の担当官が引継ぎや連絡を行う。このように、情報漏洩を防ぐために、ごく限られたメンバーだけでやり取りするので、お互い、普段どのような活動をしているのかが共有されることはない。

## モニター（協力者）の作り方

公安はスパイを追いかけるだけが仕事ではない。スパイの関係者や周囲の人たちから情報を得ることも大事な任務となる。

そのためには、情報を得るためのモニター（協力者）を作らねばならない。よく使われる手段は、モニターのターゲットになるような人の馴染みの店の常連になることだ。ターゲットがよく座る席の横に座って友達になるテクニックである。

例えばターゲットがパチンコ店によく行く人であれば、自分もパチンコ店に行って、隣の席で、「今日は出ませんね、私は先帰りますので、この出る台、どうぞ」と譲ったり、「今日はたまたま出ましたから、飲んで帰りましょうか」と誘ったりしてみる。

そのように顔なじみから親しく話す仲になって、友達になり、その人から情報をもらうというテクニックを、私も現役時代、よく使っていた。


では、なぜモニターを作るのか？　それはリスクのある潜入捜査よりモニターを作るほうが効率的だからだ。仮に思ったよりいい情報がもらえなかったら、モニターとのコンタクトをやめればいい。

そうかと思えば、私がモニター候補として接触した人の中には口が堅く、「職場のことは聞かないでください」と言われ、モニターにはなり得ない人もいた。

なかには勘が鋭くて、「あなたは警察か、公安か？」と聞いてきた人もいる。

もちろん、公安がモニターとして運営しているのを、スパイ組織に知られてはダメだ。公安警察のために情報を流している、公安に情報を取られているとバレてしまったら、それ以上、情報が取れなくなるからだ。

このように基本的には公安の身分は明かさないが、場合によって途中で明かすこともある。

「よく奢《おご》ってくれるし、小遣いもくれるけど、一体あなたは何者なの？」

「ごめんな、今まで言わなかったけど、じつは俺、公安なんだよ。それでもまだ情報をくれるか？」

「うーん、小遣いもくれるし、続けるよ」

と言われることもあれば、

「だったら、もう会いたくない」

と言われることもあり、さまざまなパターンがある。なので最初にモニターとしての適性や人の見極めが大事になる。

モニターとの関係も「情」が絡むのはよろしくない。欲しい情報が取れたら、速やかに「じつは地方に転勤になる」「親の介護で地元に帰る」などと言って相手との関係を断つこともミッションのひとつとなる。

## スパイの見破り方

日本が「スパイ天国」であるのは、再三、お伝えしてきたとおりだ。日本には現在、世界各国から数万人規模のスパイが潜んでいる。

三歩歩けばスパイにあたる日本にも拘わらず、日本国民はスパイの見破り方をあまりにも知らない。

ここでは、公安が使う「スパイを見破るテクニック」をお教えしよう。

スパイはたいてい、徒歩、自転車、車で移動しているが、意外と車でターゲットを尾行するとスパイであることがわかりやすい。

とくに高速道路でスパイが乗っているであろう車を尾行すると、スパイはもちろん、他で悪いことをしているような人物は、頻繁に後ろを気にする。つねにバックミラーやサイドミラーをチラチラ見ながら、尾行の車がついてきていないかチェックをするのだ。

公安がスパイを尾行するときはこれを逆手にとって、

「高速に入ってからこの1キロぐらい後ろがクリア（追ってくる車がいない）だから、自分には尾行がついていない」

と思わせるように追っていく。

この場合は、2台の車で追う場合もあれば、1台は車、1台はバイクという場合もあれば、社名の入った軽トラで追う場合もある。

人間はずっと集中し続けるのは難しい。だから車で追うときは高速に入って1キロくらいの間で怪しまれなければ、あとはスパイも安心してしまうので後ろを気にしなくなり、追跡が容易になるのだ。

また、逆にスパイに追われていないかチェックする方法がある。それは「3回左折する」ことだ。

怪しい人がついてきている気がしたら、まず1回左折してみる。そこでついてこなかったら、相手はシロ。それでも後ろについてきたら、また左折してみる。

仮にそこでも後ろについてきたらまた左折してみる。3回左折しても、後からついてくる人物は紛れもなくあなたをマークしているスパイか、ストーカーの可能性が高い。

そうなったら、P57にある「点検」と「消毒」の方法で、スパイを撒《ま》くか、最寄りの警察署に、

「さっきから同じ人物にずっとつけられてる」

と一時的に避難することをおすすめする。

間違ってもスパイを証拠のために動画撮影したり、煽《あお》ったりして刺激するのは危険なのでしてはいけない。逃げるが勝ちで、危険を回避してほしい。

## 高度な尾行は対象者の前につく

公安捜査官の尾行テクニックには、さまざまなパターンがある。尾行と聞くと、どうしてもターゲットの後をつける、と思い込んでしまうが、実際はそれだけではない。例えば、「尾行者は自分の後ろにいる」という思い込みを利用して、スパイの前で見張るというテクニックがある。

あらかじめスパイの歩く方向が分かっている場合、あえて尾行チームの一人がスパイの先をゆっくり歩いてスパイが追い越していくのを待つ。

スパイはまさか自分の追い越した相手が公安捜査官だとは思わない。後ろばかりを警戒しているので、「後ろには誰もいない」とわかれば、そこで安心して油断する。

実際に、ターゲットの先回りをする尾行テクニックで、スパイがモニターと接触する場面を何度も監視することができた。

ただし、スパイがこちらの想定した方向で移動するとは限らない。スパイの前につくチームと、時間差であとを追うチームでスパイをはさむように尾行するパターンが基本である。

私はスパイの前について尾行することも多かったが、ここで大事になるのが動物的な勘だ。左右に分かれる道があった場合、スパイのちょっとした動きでどちらに動くか判断する。

または、この先にどのような店や建物があるのか、人と待ち合わせするならどちらの方向を選ぶかなど、尾行チーム内で無線連絡しあって尾行していく。

前に行く尾行班があえて脱尾して、後ろにつく尾行班に任せるパターンもある。これらの作戦は、もちろん事前に戦術会議で決めておく。

このような高度なテクニックは、事前の準備と勘の両方が必須となる。

## モニター（協力者）と会うときの心得

公安捜査官は、スパイを追うだけでなく、情報提供者であるモニターから、つねに新しい情報を入手している。

このとき、必ずやっていたことがあった。それはモニターと喫茶店などで会って情報収集したときには、必ず次回に会う場所や時間を決めていたことだ。

さらに次までに、「こういう情報が欲しい」とモニターに依頼しておいた。なぜかというと、次回に会う約束や用件を決めておかないと、モニターと何度も連絡を取り合う必要が出てくるからだ。

モニターとの連絡が増えれば増えるほど、盗聴されたり、相手先の電話番号が記録に残ったり、通話を近くの誰かに聞かれる危険性が高くなる。

またはあえて、

「今日、どうしても品川駅から動けなくなったので、申し訳ないけど品川駅までタクシーで来てくれるか？」

と、移動してもらうこともある。

これはモニターのことを別のスパイが追っている可能性がある場合、直前に場所を変えることで、「消毒」を行ってもらうためだ。

これもモニターとの関係性の変化や周囲の状況をつねに察知して状況判断している。モニターもスパイと公安捜査官の間で身の危険を感じながら、情報を提供している。もちろん状況が変われればモニターが寝返る可能性もある。信頼関係を築きながらも、相手の微妙な変化を見逃してはならない。

## 情報の受け渡し方「デッド・ドロップ」とは

古くからスパイたちが使ってきたテクニックとして知られるのが「デッド・ドロップ」という手法だ。これは、顔を合わせることなく物や情報を二人の間で受け渡す、スパイ技術のひとつで、秘密の場所を用いて、直《じか》に会う必要がないようにする手法である。

80年代に、当時のＫＧＢの二重スパイだった米国のＣＩＡの元エージェントと、ＦＢＩの元エージェントの二人は、ある公園の小川にかけられた橋の下のゴミ袋に、書類やハードディスクを入れてやり取りをしていた、というエピソードがある。

また昔からスパイたちの間でよく使われたのが、ホテルの部屋だ。Aというスパイが、指定したホテルの部屋のテレビの裏側にお金の入った封筒を張り付けておく。Aが部屋を出ていったあとに、Bというスパイがテレビの裏のお金を受け取って、今度はベッドの下にSDカードの入った封筒を張り付けておく。

Bが部屋を出たあと、Aが部屋に戻ってベッドの下のSDカードを受け取る。単純なやり方ではあるが、人目のつく場所で会って受け渡すよりもずっと安全で確実なやり方だ。

私が実際に知っている事件では、ある神社のベンチの下に情報を記した紙を隠していた。

神社は不特定多数の人が出入りする場所であるため入りやすいのと、工事が入るリスクが少ないので掘り起こされたり、移動されたりする心配が少ない。スパイの間で神社・仏閣は「デッド・ドロップ」の場所に使われることが多いのだ。

このようにスパイは「デッド・ドロップ」で使用できる場所をいくつも用意している。尾行されていないことが確認でき、秘密の書類や物を隠しても、偶然通りかかる人に見つかる可能性がない場所だ。

ここで、疑問に思った人もいるかもしれない。今のデジタル時代では、そのようなアナログな方法よりも、デジタルでデータをやり取りしたほうが確実でスピーディなのでは？

しかし、今は逆にハッカーにデータを盗み取られるリスクのほうが高く、あえて紙ベースでのやりとりのほうが安全なケースが多くなった。

一周回って、古典的なやりとりが、今のスパイの主流となっているのだ。

## 大型ショッピングモールで行う「フラッシュ・コンタクト」

スパイがよく集まる場所として挙げられるのが、「大型ショッピングモール」「会員制外資系店舗」「人気の観光地」である。

なぜスパイが好んで集まるのかといえば、大勢の人影に隠れながらスパイ同士が「フラッシュ・コンタクト」を行っているからである。

「フラッシュ・コンタクト」とは、古典的なスパイの手法で、スパイとモニターが情報交換するため、すれ違いざまに機密資料を手渡すやり方だ。

または、スパイが情報の入った容器を歩きながら投げ捨てると、後から来たスパイが即座にそれを拾って情報交換するやり方もある。

まず「大型ショッピングモール」は、エスカレーターやエレベーターが多く、人目につきにくい階段や出入り口も多い。ここですれ違いざまに「フラッシュ・コンタクト」をする。

「会員制外資系店舗」は、会員証がないと入れないことから、身バレをしたくないスパイハンターが入りづらい。そのため「フラッシュ・コンタクト」の場所としてスパイが時折使う。

またコロナ明けで外国人観光客が多い「人気の観光地」も、スパイに選ばれる場所だ。やはり外国人が多いので目立たないことと、いつも多くの人で混んでいるのでスパイハンターの目から逃れやすいからだ。

これらの場所では、ドラマや映画でもよく見るシーンが、実際に行われているのだ。

## スパイの見た目

スパイというと、どのようなイメージをもっているだろうか。映画やドラマに登場するスパイは美男美女が多いが、実際のスパイには派手な見た目の人はいない。中肉中背で、極端に太っていたり痩せていたり、長髪や丸坊主はいない。他人から印象に残る外見ではなく、地味なタイプが多い。

これは公安捜査官にも同じことが言える。平凡な容姿であることが求められるのだ。かくいう私も、「私の顔の特徴は何か」「誰か似ている有名人はいるか」といろいろな人に聞いてみたことがあるが、これまで誰も答えられなかった。

ＴＢＳドラマ『ＶＩＶＡＮＴ』の外事警察官役の阿部寛さんのような高身長なイケメンは残念ながら実際には存在しないのである。

しかし、例外もある。ゾルゲ事件で有名なドイツ人のリヒャルト・ゾルゲは、ソ連のスパイでありながらドイツ紙の記者を装って、戦前の日本で日本人のジャーナリスト尾崎秀実と共に諜報《ちょうほう》活動に従事していた。ゾルゲはバイクを乗り回すイケメンで、何人もの恋人がいたプレイボーイだったという。

また〝美人すぎるスパイ〟として有名なロシア人のアンナ・チャップマンは、ニューヨークで不動産会社の社長を装いながら、色仕掛けで情報収集や人脈作りに励んでいた。

両者ともに華麗なるスパイとして有名にはなったが、ゾルゲは尾崎とともにスパイ容疑で逮捕後、１９４４年に死刑となっている。

また、アンナ・チャップマンは、ＦＢＩによって逮捕され、ロシアが拘束していた米国のスパイと引き換えにロシア側に引き渡された。正直、スパイとしては成功したと言えない。

やはり、見かけが派手で目立ってしまうとスパイとしてのミッションは成し遂げにくい。そんな意味でも、スパイは地味に限るのである。

## スパイの変装テクニック

アニメにもなった漫画『SPY×FAMILY』が幅広い世代に人気がある。この漫画は主人公である西国組織の敏腕スパイ・黄昏《たそがれ》が精神科医（ロイド・フォージャー）に扮して東国で諜報を行う、という設定だ。赤の他人の殺し屋の女（ヨル・フォージャー）、超能力をもつ少女（アーニャ）と疑似家族を作って、敵国スパイ組織やテロリストたちと日々奮闘する姿を描いている。

『SPY×FAMILY』のハンドラー（シルヴィア・シャーウッド）は表向き外交官の身分だが、現実でもスパイマスターは大使館の外交官が役割を担っていることもあり、ここはある程度、現実世界のスパイの役割と一致している。

また『SPY×FAMILY』の黄昏はよく変装しているが、実際のスパイも変装はする。ただし、本物のスパイの変装はもっと地味だ。男性ならばつけ髭《ひげ》をして眼鏡をかけるだけでも風貌の印象は大きく変わる。

または帽子をかぶる、色合いの違う服に着替えるなども効果的な手法として用いられる。

公安捜査官もスパイやモニターが潜伏している建物を監視するときに変装をすることがある。

じつは公安の各課には主要な制服がほとんどそろっている。「電気店員」「配管工」「宅配業者」などの制服があり、私の場合は「看板持ち」「サンドイッチマン」「釣り人」に変装して張り込みをした経験がある。

ＪＲの駅近くの釣り堀付近で、釣り仲間と待ち合わせをしている風を装って、スパイが通過するのを張り込んでいた。

スパイもプロなので、私服でただ駅前近くにずっと立っていると、公安だと見抜いて移動ルートを変えてしまうからだ。

ほかには、ターゲットがよく行く店に協力してもらい、新人のバーテンダーに扮して、対象者が使ったグラスから指紋を採取したこともある。

皆さんも、駅前や歩道でゼッケンをつけた市の職員風の人たちが、ゴミ拾いなどしている姿を見たことがあると思う。

すべてとは言わないが、その中には公安捜査官が紛れ込んでいることもある。見かけても知らないふりをしてほしい。

# 第4章 公安警察、噂の真相

## 使える!? 公安用語集

警察には通常、警察官しか使わない「業界用語」がある。例えば、次のようなものがある。

「居《い》空《あ》き」＝住民が在宅中に隙を見て住宅に侵入し、金品を盗むこと。ちなみに、留守の家を狙うのは「空き巣」という。深夜に寝静まった家を狙うのは「忍び込み」、忍び込みのプロは「ノビ師」と呼ばれる。

「サンズイ」＝汚職事件。「汚」の字のサンズイ偏から。汚職事件のなかでも、公務員らが職務に関して賄賂を受け取る贈収賄事件を指すことが多い。

「ＰＢ」＝交番（Police Box）のこと。交番は箱形が多いことから「ハコ」と呼ばれることも。

「ブツ」「パケ」＝ブツは「押収物」、パケは「覚醒剤などを小分けにした袋」を意味する。

これらはテレビで放送される『密着警察24時』などの番組で、実際に警察官が使っていて、聞いたことがある言葉もあると思う。

かわって公安捜査官が使う「公安用語」は、耳慣れないものが多いはずだ。なかなか公にされることがないばかりか、自分の身近に「公安捜査官」がいる環境もほとんどないからだ。例として、よく使われる用語を挙げてみる。

「ハム」＝公安のこと。「公」の漢字がカタカナで「ハム」と読めることから。

「アヒル」＝制服警察官。

「おしどり」＝カップル。

「泳がせる」＝違法行為を覚知してもすぐに検挙するのではなく、犯罪の全体像が判明してから検挙する捜査のこと。公安はスパイを泳がせ捜査することが多い（軽犯罪に限る）。

「金筋」＝警察帽子に金筋が入るという意味で、警部以上の階級の警察官のこと。

例）「ＰＳ（ポリスステーション）で金筋に会ったよ」

「ゼロ」＝日本の公安警察で特別な協力者運営や情報収集などを担当する班。かつてはサクラ、チヨダと呼ばれたこともあった。警察庁警備局警備企画課に属しており、任務は全国で行われる特別な協力者の運営とミッションの実施である。「ゼロ」という名前は一種のコードネーム。

「ケツもち」＝組織において最終的な責任を請け負う立場の人間のことを指した言葉。基本的にリーダーや社長など組織のトップの仕事を指すことが多く、他人の失敗などの後始末をするといった意味合いもある。暴力団では、金を納めて暴力団に背後で擁護してもらっているという意味で使われることもある。

「沈める」＝盗品を現金化すること。

「グニ屋」＝質屋。

これらの公安用語は普段、使えるとは思わないが、知識として知っておくと公安ドラマを面白く見られるかもしれない。

## 公安に配属が決まったら、警察学校、機動隊の同期とはいっさい連絡を断つ

公安捜査官が他の警察官と大きく違うのは、公安に配属が決まった時点で、警察学校の同期や機動隊にいる同期とはいっさい連絡を断つルールがあることだ。

基本的に、家族や身内にも公安に配属になったことは言わない。私も家族にはずっと公安捜査官になったことは告げずに、

「今日も泥棒を捕まえてきたよ」

と話していた。

さすがに公安の外事課に配属され、海外の日本国大使館で諜報《ちょうほう》活動をすることになってからは、私がいつも大使館にいないことを耳にした家族に問いただされて、公安であることを初めて告げた。

家族は驚いていたが、

「これ以上のことは、今後も話せないから理解してほしい」

とだけ話した。


公安に配属されると、所属する班のメンバーが、いわば家族のような存在になる。言い換えれば、国の安全を背負った運命共同体である。ここでのチームワーク次第で、課せられたミッションがうまくいくかどうかを左右すると言ってもいい。

仮にチーム内の人間関係が悪いと最悪だ。もともと公安は他部署との交流が禁止なので誰にも相談できないからだ。

チーム内の先輩後輩の仲が悪いことが原因でノイローゼになる人もいる。ただでさえ秘匿捜査はプレッシャーがかかる。それだけでなく人間関係のストレスも重なると、

「もう公安での仕事は無理です。警察署に異動させてください」

と早期に異動を願い出るケースもある。

また階級が上がって昇任異動で公安を出ていく際に、

「公安はもう希望しません」

と言って出ていくケースもあった。

公安の秘匿捜査は、刑事部のように事件が発生して被疑者を追って捕まえる、というわかりやすい流れがない。

オペレーションによっては1年も2年も水面下で秘匿捜査をすることもある。スパイやテロリストを追うのが仕事でもあるので、当然、身の危険もある。捜査内容もケースバイケースなので、つねに緊張も伴う。夜中に連絡がくることもあるので、枕元につねに携帯を置いて、いつでも電話に出られるようにしておかねばならない。

私のように、子どもの頃に「007シリーズ」を見て、スパイ映画に憧れ、公安警察に入る夢をかなえた身でも、地味にコツコツと情報を集めたり、雨の日も風の日もターゲットを尾行し続けるような仕事に、しんどさを感じることもあった。

話は戻るが、一にも二にもチーム内の人間関係が左右する世界ゆえに、公安捜査官になくてはならない適性のひとつに「コミュニケーション能力」がある。

これは公安に限ったことではないが、人間関係の良し悪しでストレスのかかり具合はかなり変わってくる。人間関係も含めた環境づくりも公安捜査官には大事な要素である。

## 公安メンバーは、カラオケボックスで反省会!?

ひと昔前までは、公安捜査官のチームでの反省会や次のオペレーションの作戦会議は、居酒屋の座敷などで行っていた。それが今ではカラオケボックスで行うことが多い。

理由は簡単だ。カラオケボックスは音が漏れないのと、呼ばないと店員が来ないので、内密な話をしやすい環境だからだ。

徹夜でスパイを張りこんでいて、眠くなったらここのソファでそのまま仮眠してもいい。それらのことから、カラオケボックスは使い勝手が良いのだ。

最近では、カラオケボックスで外回りの営業マンがミーティングをしたり、会社には出社せずにノートパソコンを開いて仕事をしたりするケースが増えていると聞く。

おかげで学生ではない男連中５、６名がカラオケボックスに入っても、周囲からは違和感を抱かれなくなった。


ところで、私が公安監修したドラマ『ＶＩＶＡＮＴ』を見た人たちから、よくこんな質問を受ける。

「警視庁公安部がある庁舎は近代的で素晴らしいですね。あのような場所で公安警察の皆さんがミッション遂行のために集結しているのですね」

確かに警察ドラマの中では事件ごとに捜査官が一堂に会して、事件の経緯の報告を受け、今後の捜査の方針について指示を受けることがある。

しかし、秘匿捜査に従事する公安警察のメンバーが全員集まって決起集会をすることは実際にはない。あれはあくまでもドラマの中での話だ。

公安警察は5名以上のチームで各自与えられたミッションを行うが、自分たちのチーム以外のメンバーとコンタクトすることは基本、ない。

そもそも警視庁の公安部に全員集まることもない。基本は外回りがメインなので、先ほどもお伝えしたように作戦会議は居酒屋の個室だったり、カラオケボックスだったり、人の目についても違和感がなく、かつ密室性が保てる場所で行われるのだ。

話を戻そう。私が現役の頃も、カラオケボックスで反省会をしたのだが、そこでよく繰り広げられるのは、

「おまえ、あのとき失尾《しつび》しただろう？」

「いや、あれはあえて脱尾《だつび》したんだ」

「いや、あれは絶対に失尾だ！」

反省会では、一瞬の判断がオペレーションの失敗にならないように、細かい部分まで振り返って分析し、チームで共有することが何より大事になる。

ときには、言い合いになるくらいの激アツな反省会は、やはり音漏れのしないカラオケボックスが一番かもしれない。

## 刑事ドラマとリアルの違い

「刑事ドラマとリアルな公安の現場の違いはなんですか？」

これはよく聞かれる質問のひとつだ。

ドラマ『VIVANT』でも、公安が尾行するシーンが出てきたが、リアルなことを申し上げると、ドラマでの尾行シーンはターゲットとの距離が近すぎる。

これは画面におさまる範囲で尾行しなければ、ドラマを見ている人に状況がわからないので仕方がないのだが、実際に2、3メートルの距離で尾行していたら、スパイにバレてしまうだろう。

リアルでは最低50メートル以上離れて尾行する。これは訓練していないと見失ってしまう微妙な距離であり、逆に言えばターゲットにバレずに尾行できる距離でもある。

ドラマでよくある電柱の陰に隠れたり、新聞を読むふりをして相手の動向を見守ったりすることも実際にはあまりない。

喫茶店などでスパイがモニターである情報提供者と密会しているときは、あえて店内で監視することもあるが、どの席が空いているかを瞬時に見渡して、店内ではできるだけ出入り口に近い席に座り、同じ尾行チームの別の公安捜査官は、店の外で監視をするケースが多い。

ドラマなどでは、３人の尾行チームのうち二人が店内に入り、ターゲットを監視するシーンがあったりするが、ターゲットが店を出たときに、慌てて席を立ったりしたら相手に警戒されて尾行がバレてしまう。

また、追う人数が一人になってしまうのが一番まずい。ここで撒《ま》かれたり失尾したら、ジ・エンド。やはり接近戦は尾行では命とりだ。

ターゲットとは50メートル以上離れず、それ以上、近づかずに尾行する。この距離感こそ、プロのスパイハンターの鉄則だ。

もしドラマでリアルな距離感での尾行シーンを演出したら、主人公のスパイハンターはきっと群衆に紛れてどこにいるのか視聴者には見つからないだろう。

絵本の『ウォーリーをさがせ』のようで、それはそれで面白いかもしれない。

## 「別班」の存在はある

私が公安監修をしたドラマ『VIVANT』の大ヒットで、一躍注目を浴びたのが、自衛隊の中にある諜報組織「別班」だ。

もともとは旧日本軍の参謀が、スパイ養成機関と言われていた陸軍中野学校出身者を集めて情報面から国の防衛に貢献するために、戦後作ったのがはじまりである。

現在、「別班」は海外においては、外事警察と同様に防衛省から外務省に出向して、外交官として海外のいくつかの大使館に身分を明かさずに勤務しながら、情報を集めていると言われている。

別班になるためには、まず陸上自衛隊情報学校における「心理戦防護課程」を受ける必要があるとされる。その中で特別に優秀だった人が、さらに特別な研修を受けて、一度自分の所属に戻った後、防衛駐在官などとして在外公館に出たり、あるミッションがあるときに数名集められたりして、看板も掲げずに活動する、という仕組みが別班という組織のようだ。ただ、現在は別班という名称は使われていない。

記憶に新しいのは、２０１５年、イスラム過激派組織ＩＳに、二人の日本人が殺害された際、具体的な現地情報を日本政府に送っていたのは「別班」だと、公安内部でも言われていた。「別班」が集めた情報は、内閣官房長官と内閣情報官にあがるので、防衛大臣や外務大臣、総理大臣は把握していたはずである。

ちなみに、ドラマ『ＶＩＶＡＮＴ』で、堺雅人さん扮する別班メンバーの乃木は、商社のビジネスマンという身分で諜報活動をしていた。

実際には別班メンバーが一般企業に勤めることはなく、外事警察と同じく大使館の外交官という身分で活動することがほとんどだ。

またドラマでは、外事警察の阿部寛さん扮する野崎と、乃木が一緒に行動するのだが、実際にはこれもあり得ない。

別班と外事警察とでは諜報活動する立場こそ同じだが、情報関心がそもそも違う。それぞれの使命があるので、仮に同じ現場にいて、お互いの正体がわかったとしても、決してコンタクトを取らず知らないふりをする。それはお互いのミッションを邪魔しないためだ。

実際には、ドラマのように外事警察VS別班が丁々発止することはなく、水面下でコツコツと地味な活動をしているのが現実なのだ。

## 芸能界を取り巻くスパイの噂

警視庁外事課の捜査員としてＣＩＡの機関員と情報交換をしていたこともあり、

「あの有名人はじつはスパイなのでは？」

という噂がよく耳に入ってくる。

アメリカのCIAでは、日本で顔が広いタレントや、CIAが関心をもっている情報を入手しているマスコミ関係者などを協力者として運営している。

実名は挙げられないが、日本のテレビで活躍している米国出身の某タレントは、CIAの協力者だ。実際にCIAのメンバーとレストランで食事したり、パーティで親しげに話す姿を確認しているからだ。

このように日本にいる外国人タレントがじつはスパイの協力者というケースは多い。少し前になるが、あるロシア人の俳優もスパイの協力者だった。

このロシア人俳優は東京都内のレストランでロシア対外情報局（SVR）のスパイとよく会食する姿が目撃されていた。在日ロシア人コミュニティの中にいる反プーチン派や親ウクライナ派などの情報を提供していたとみられる。最近、このロシア人俳優を見かけないので、すでにロシアに帰国したのかもしれない。

　また、テレビで「昔、スパイと付き合っていた」と公表していたのがアンミカさんだ。

　彼女はテレビで「付き合っていた元彼は、7か国語を喋れて、見た目はアジア人。出会ってすぐにプロポーズされたが、仕事は貿易関係としか教えてくれず、偽名のクレジットカードを何枚も持っていた」と話していた。

　これだけでもスパイとしてかなり怪しい条件がそろっている。その上「時々、負傷して帰ってくる」「ホテルでは非常階段側の部屋しかとらない」「部屋にナイフが隠してあった」「眠りが浅く、小さな物音でもすぐに飛びおきていた」「見た目が地味だった」などのエピソードもあり、スパイハンターの私から見ても、スパイである可能性が高いように思われる。

　アンミカさんの場合は、タレントにスパイが近づいたケースであるが、スパイが一般人に近づいて交際することもあるので、注意が必要だ。

　ではなぜ、一般人が狙われるのか？　それはスパイにとって、単独行動するよりも、男女のカップルでいたほうが人の目につきにくく、スパイ活動がしやすいからだ。

例えば、ホームパーティに参加するときも一人よりもカップルで参加したほうが、違和感がない。とくに海外では夫婦そろってホームパーティに参加することも多い。外国人のスパイなら、パートナー同伴のほうが、人の集まる場所で自然に溶け込むことができる。

また、日本でスパイ活動をする場合、日本ならではのルールや作法などは日本人の交際相手にレクチャーしてもらえばいいので、何かと助かる。

これらのことから、単独行動するよりはカップルでいるほうが、何かと隠れ蓑《みの》になるので都合がいいのだ。

「スパイと結婚詐欺は似ている」

とは、経験者のアンミカさんの言葉だ。

確かに「出会ってすぐに結婚をほのめかす」「職業があいまいで、会社の情報を明かさない」「携帯電話を何台も持っている」「自分の親にやたら会わせたがる、または絶対に会わせない」「仕事のスケジュールがあいまいで、教えたがらない」など、思い当たることが多い相手は、結婚詐欺師かスパイかもしれない。

共通点は、どちらも「騙《だま》しのプロ」ということだ。君子危うきに近寄らずである。

## SIT、SATと公安の関係

警察にはさまざまな部署があるが、公安と同じく秘密裏に動く部隊が「ＳＩＴ」と「ＳＡＴ」である。

まず「ＳＩＴ」とは、警察における部署のひとつである「特殊事件捜査係」の通称で、英語での名称は「Special Investigation Team」。「Special」は「特殊」「特別」を、「Investigation」は「捜査」を、「Team」は「班」などを意味する。

「ＳＩＴ」は刑事部所属の組織で、主に誘拐などの人質事件や、爆破事件などを担当する。任務の性質上、隊員には高度な身体能力のほかに、科学知識や捜査技術などが求められる。

最近では、長野県で警察官が二人亡くなり、明け方近くまで犯人が立てこもった事件で、犯人はテロリストではないので、「ＳＩＴ」が現場を担当した。


かわって「ＳＡＴ」は、警備と公安にまたがる存在で、警備部に所属する特殊部隊の通称である。日本語では「特殊急襲部隊」と呼ぶが、正式名称は英語の「Special Assault Team」で、「Assault」は「突然襲い掛かること」を意味する。


ハイジャック事件やテロリストの立てこもり事件などは、「ＳＩＴ」ではなく公安部と警備部にまたがるところにある「ＳＡＴ」が現場を担当する。

「ＳＩＴ」の場合は犯人の身柄確保を優先するが、「ＳＡＴ」では犯人の射殺も選択肢に含まれているのが大きな違いだろう。

「ＳＡＴ」は８都道府県警にしかなく、未設置の府県警で銃器を使った事件やテロが起きれば８都道府県警の中から急行することもある。

「ＳＡＴ」と公安はテロリストを追うということでは間接的に関係があっても、本当に危険なハイジャック事件などでは独自に出動するので、普段の交流は全くと言っていいほどない。

そもそも「ＳＡＴ」に選ばれた人は、公安と同じように、同期の人間といっさいの連絡を断つ。任務期間が終わって警察署に戻ったときも、現役のときには自分が「ＳＡＴ」出身とは絶対に言わない。

ただ、警察署内の噂でなんとなく「あいつはＳＡＴだった」というのは伝わってしまう。

公安と「ＳＡＴ」は別部隊ではあるが、これからの時代、日本国内のテロ事件を未然に防ぐため、または万が一起こってしまった時のことを考えて、今後は上層部だけでも情報共有をもっとすべきだと個人的には思っている。

## できる公安は、「ひとたらし」

繰り返しになるが、事件が起きれば捜査をし、犯人を特定して捕まえるのが刑事のスタイルであるのに対して、公安はスパイやテロリストを監視して実行させないようにするのが仕事である。

刑事や警察官は公安捜査官に対して、「俺たちが毎日、多くの事件や捜査でてんてこ舞いしているのに、公安の奴らは、監視に行きます、と言いながら、喫茶店やパチンコ店で時間をつぶしているんじゃないか」「監視と称して、外で何やってるんだ、あいつら」と思っている。

公安からすれば、「テロリストや過激派に何も起こさせないで、今、平和なのは俺たちの努力の成果なんだ」と思っている。スタイルがそもそも違うので、どうしても折り合わず、良くも悪くもお互いのプライドがぶつかってしまうのだ。

ちなみに私が警察署の公安捜査官の頃は、当直があり、刑事課の警察官たちと一緒に泊まり勤務に就くことがあった。なかには公安である私に対して口をきかなかったり、嫌味を言ってくる人間もいた。

でもそれに応戦してしまったら、公安としては失格だ。

「いやぁ、刑事課も大変ですね。頭が下がるよ」

と労《ねぎら》いの言葉をかけるようにしていた。

身近な存在、身内の刑事こそ味方につけるのが、できる公安である。要するに一人でも多くから情報収集するには、〝ひとたらし〟になって、意地の悪い刑事でも味方にすることが大切になる。

私の場合は、英語ができるので、外国人の参考人や被害者の英語の調書作成、外国人被疑者の取り調べの通訳を買って出ていた。困っていた刑事は大変感謝する。このように先に奉仕してあげると、相手は恩を感じてこちらの欲しい情報を教えてくれるようになる。

逆もしかりで、仕事ができる刑事は公安を味方につける。偏狭な考えではなく、少しでも仲良くして、たらし込まないとダメ。何かあった時に味方になってくれたり、情報をもらったり、教えてもらったり、いい意味で、自分の味方として取り込んでおくのだ。

そのような関係性を作っておくと、相手の刑事からも、

「いや、公安も人に言えない気苦労があって大変だろう」

と返ってくる。

公安は身内こそ敵に回さず、味方にしなければならない。無意識レベルでこれができるようになると、一人前の公安捜査官と言える。

## 公安と別班の関係

先にも伝えたように自衛隊の別班は実際にある。

自衛隊の中に作った情報組織が、別班という名称ではないものの現在も存在している。

かくいう公安も、外事警察出身とは言わずに警察出身とだけ言って大使館勤務をしながら情報収集をしていた。それと同じように、別班も自衛隊出身と称して情報を集めるという点では、外事警察と同じ任務を担っているのだ。

わかりやすく言えば、警察バージョンが「外事警察」で、自衛隊バージョンが「別班」ということだ。

共通していることはひとつ、日本国を守ること。別班は軍事情報が中心で、外事警察は犯罪やテロの情報が中心。有害活動（軍事侵攻を含む）から日本を守るという目的は一緒なのである。

先日、私のところにある男性が訪ねてきた。

「元別班にいました」

と言う。ドラマ『ＶＩＶＡＮＴ』の放送期間中のことだったので、最初は怪しいと思った。でも話をするうちに、防衛省の情報本部にいた人なら知っている内部情報のほとんどを知っていたので嘘《うそ》ではないとわかった。

お互い立場は違うが、水面下で日本国を守っていた者同士ではある。

「これから一緒にできることがありそうですね」

と言って別れた。

このように、長い年月が流れた後で、握手し合える関係でもあるのだ。

## 海外では公安と別班が一緒になることがある

私がいた某国の日本国大使館には、外交官として自衛隊出身者がいなかったので、同じフィールドで別班とかぶることはなかった。

たとえばこれが中東にある日本国大使館であれば、警察出身と自衛隊出身の外交官がいたので、同じフィールドで似たような情報を追っかけていると、同じスパイやモニターに外事警察と別班の両方が関わることはありうる。

もちろん一緒に行動することはないが、お互いの存在は当然、わかっている。外国

にいる場合は、情報を制することがオペレーションの成功を左右するので、外事警察にも、

「今、同じスパイを別班も追っている」

という情報は入ってくる。それは、別班も同じことだろう。

そこで水面下で協力するのか、牽制《けんせい》しあうかはその時の人間関係次第である。

国内の刑事部と公安部の仲が悪いように、公安の中には、別班のことをよく思っていない人はいるし、逆もそうだろう。

ただし、前述したように、最終目的は「日本国を守ること」であることには変わりない。最大の有事の際は、公安と別班が手を組むことがあってもいい。

# 第5章

# 実録・公安警察、秘匿ファイル

## 1995年、警察庁長官狙撃事件の失態の原因は？

第2章で「ＳＰ」と「機動隊」「公安」がチームプレーをすることがあると書いたが、過去には警察同士連携がうまくいかないことで失態を招いたことがあった。平成7年（１９９５年）、警察庁長官が狙撃された事件がそれだ。概要は、１９９5年3月30日8時21分頃、國松孝次警察庁長官（当時）が出勤のため自宅マンションを出たところ、付近で待ち伏せていた男が拳銃を４回発砲。國松長官はそのうち3発を腹部などに受け、一命は取り留めたが、全治1年6か月の瀕死の重傷を負った。

この事件は当時、公安部がオウムによる組織的テロとみて調べ、時効の6年前に信者だった元・警視庁巡査長を逮捕したが、検察は容疑不十分で起訴を見送ったということがあった。

ところが、同じ警視庁の刑事部は、別の事件で逮捕した男が真犯人とみて調べ、時効の2年前に「長官を銃撃した」という「自供」も得る。しかし上層部から「犯行後の逃走を手助けした支援者を割り出さなければ、立件できない」と条件を付けられ、真犯人とされる人物の関与を裏付けられないまま、2010年に時効を迎えてしまった。

こうして警察庁長官の狙撃という大事件は、迷宮入りしたのである。

じつはこの事件は地下鉄サリン事件の10日後に起きた。世間も、警視庁も「教団によるテロ」だと思い込んだこともあって、狙撃事件の捜査本部は、通常、殺人未遂事件を手掛ける刑事部ではなく、オウム事件と同様に公安部に置かれた。

公安部はもともとテロ対策などいわば国の治安を守るのが役割だ。他の警察組織が主に発生後の事件を調べるのに対し、公安は未然に防ぐことが任務になるため、今回の銃撃事件に関してはオウムやその後継組織とされるアレフに対して、監視や情報収集をし、捜査してきた。

公安部は他の警察組織と違って警察庁の直接の指揮下にあり、直属の上司でさえ任務を知らされないことがある。

とくに長官銃撃事件の捜査本部では刑事部をはじめとする他の部署に公安が情報を提供するはずもなく、オウム信者の元警視庁巡査長の取り調べは公安が行い、刑事部には知らされていなかった。

世間では、「公安の秘密主義が壁になって犯人逮捕ができなかった」という向きもあったようだが、公安部も加わった特命捜査班は、支援役＝共犯者の裏付けを取る、という高いハードルを前に公安部と刑事部が協力し合えず時効に間に合わなかったというのが実際のところである。

ここで大きな疑問を感じる読者もいるだろう。警視庁が総力をあげて捜査をしながらなぜ犯人を検挙できずに時効を迎えてしまったのか……？

これには双方の捜査方法の違い以上に、もともと刑事と公安捜査官の仲が悪く、お互いに情報提供しなかったことで犯人が捕まらなかったのが原因のひとつだ。とくに警察庁長官が都内で狙撃されたとなれば、警視庁としてはお膝元での一大事でもある。公安部も刑事部も自分たちで犯人を検挙しようと総力をあげていた。現場が張り合う気持ちが強ければ強いほど、上層部同士の調整も効かなくなる。

この事件を教訓として、組織内の情報の管理と適切な共有が、犯人検挙と事件解決の重要なカギと認識されるようになった。

## 公安の監視対象に自衛隊がある

公安の監視対象に関して、意外と詳細を知っている人は少ないかもしれない。監視対象は次の団体や個人である。

・テロリスト及び、その可能性がある個人や団体
・過激な極右翼、極左翼団体
・過激な思想の政治団体

・在日外国人の活動団体
・過激な宗教団体
・自衛隊（陸上・海上・航空すべて）

「自衛隊」も監視対象であることに驚く人もいる。これには理由があって、自衛隊は「大きな戦闘力」を保持している。同時に重要な防衛機密もあることから、自衛官はスパイに狙われやすいのだ。

あくまでもスパイを追っていて、関連する人物に自衛官がいたことがわかり、マークしたことが実際にあった。

平成27年（２０１５年）、元自衛官が現役自衛官を使ってロシアに情報を流していた事件があった。陸上自衛隊の元陸将が、スパイとみられるロシア大使館の駐在武官に陸自関係の軍事訓練に関する教科書を渡すなど情報を漏洩していたのだ。

公安部は守秘義務を定めた自衛隊法違反の教唆容疑で、元陸将とロシア大使館の武官を書類送検。元陸将の部下だった自衛官らについても、冊子の入手に関わったとして、同法違反容疑で書類送検した。

武官はロシア軍の諜報《ちょうほう》機関である「ＧＲＵ」（参謀本部情報総局）に所属していたとみられ、公安部は出頭要請をしたが、外務省を通じてロシア側は断ってきた。ＧＲＵは「外交官」の身分でスパイを各国の在外公館に送り込んでいたのだ。

元陸将は在職中、ロシアのスパイである武官と単独で会うことを避けていたが、一方、武官がロシアに帰国する前には頻繁に接触していた。のちに公安部の事情聴取に「機密は漏洩していない」と供述したものの、武官については「諜報担当者ではないかと認識していた」と説明していた。

公安部は元陸将がリスクを知りつつも武官に、協力していたとみている。

繰り返しになるが、日本にはスパイ活動防止法はない。現行犯で捕まえるのは難しいがゆえに、自衛隊についても、重要な防衛機密が漏れたり、日本を揺るがすような行為に出るようなことがないよう、公安が監視しているのである。

## 安倍元首相暗殺事件とローンオフェンダー

令和４年（２０２２年）７月８日、奈良県の大和西大寺駅北口付近にて、元内閣総理大臣の安倍晋三氏が選挙演説中に銃撃され死亡した。

逮捕された43歳の無職の容疑者は、元総理を狙った理由について「政治信条への恨みではなく、安倍元総理が教団と近しい関係にあると思った。これまで教団の総裁を狙っていたがうまくいかず、新型コロナの影響で来日しないため、安倍元総理を標的にすることを決めた」などと供述していた。

この安倍元首相暗殺事件が起こったときは、私は在外公館勤務経験のあるセキュリティコンサルタントの立場から、警察の警備体制についてメディアから取材を受けたが、その際はあえて厳しい指摘をさせていただいた。

それは次の理由からである。

1. 明らかにＶＩＰの背後が手薄だった。背後から近づけるような場所を演説場所に選んだのが良くなかった。駅前での演説はやはり宣伝カーの上か、背後が壁になっている場所が望ましい。

2. ＳＰをＶＩＰのすぐ近くに配置するべきだった。有事の際にＶＩＰに覆いかぶさるか押し倒せる範囲に誰もいなかった。

3. 警察官が集まる聴衆たちを事前に声掛けして確認することがなかった。これが簡単に犯人をＶＩＰに近づけて、さらに襲撃を実行させてしまった原因。

安倍元首相暗殺事件から、ローンオフェンダーをマークする必要性がますます高まり、それだけ公安の担う役割は大きくなった。

ローンオフェンダーとはテロ組織に属さず、単独でテロ行為に及ぶ個人を表す用語である。

英語でローン（lone）は「単独の」「一人だけの」、オフェンダー（offender）は「攻撃者」「犯罪者」という意味がある。一人で他の人や組織を攻撃したり、テロ行為によって自分の思想を示そうとする人物を指す。

行為はテロと同じでも、ローンオフェンダーは組織のメンバーではない個人という特徴がある。テロリストも時代とともに変容する。

ローンオフェンダーの対策は世界的な課題でもあり、今後、警察は幅広い情報収集が求められるだろう。

## 岸田首相襲撃事件の裏側

令和５年（２０２３年）４月、和歌山市の漁港で、衆議院の補欠選挙の応援に訪れていた岸田総理大臣の近くに爆発物が投げ込まれた事件は、前年に安倍元首相が暗殺されたこともあり、日本中を震撼《しんかん》させた。

犯人の無職の男はその場で逮捕されたが、警察は、投げ込まれた「パイプ爆弾」に、殺傷能力が認められたとして、容疑者を殺人未遂と爆発物を製造して使用した爆発物取締罰則違反などの疑いで追送検した。

また、警察が被告の自宅から押収したパソコンには、自民党のホームページを繰り返し閲覧した履歴があったことがわかっているものの、詳しい動機に関してはいまだわかっていない。


これは安倍元首相の事件と同様、当日、岸田首相を守るSPが警護でいたものの、そもそも多くの一般人を選挙の応援の会場にノーチェックで入れてしまったのが問題だった。

選挙の応援会場となったのは漁港で、普段は漁師たちが集まるのどかな場所。選挙活動としては市民と近い場所で、親しみやすさも含めてアピールしたかったのだろうが、セキュリティ対策はまた別の話。

事件後には選挙応援の際、一か所で検問場所を作り、そこで荷物チェックをしてから中に入れるシステムに変更したが、本来なら事件が起こる前からこの体制にすべきだった。

そもそも選挙活動など、多くの一般市民が集まる場所は、テロリストに狙われやすい。荷物チェックは当然ながら、場所選びはもっと慎重にすべきだろう。

安倍元首相の暗殺事件のときと違ったのは、物が投げ込まれたときに、岸田首相の傍にいたＳＰが首相に身を寄せて首相を守ったことだ。

その後爆発が起き、後ろにあった建物の壁に当たったが、殺傷能力が高かったこともあり、壁に穴が開いて爆発物の破片が突き刺さっていた。

事件当初、犯人の隣にいた男性が素早く気づいて男を取り押さえたが、犯人の手にはまだ残りの爆発物が残っていた。それが暴発する可能性もあり、じつはとても危険な状況だった。

ＳＰは重要人物を守るのが使命だが、その周辺に集まっている一般市民を守ることも重要だ。そのためには、私服の警官も群衆の中で警備すべきだろう。

　この事件が大きな教訓になることは間違いない。

## 東京オリンピックはドローン監視が最重要課題だった

　公安は、何もスパイだけを追っているわけではない。公安のもうひとつの監視対象が、テロリストやその組織だ。

　テロリストたちは、組織を挙げて国際イベントを狙うケースが多い。過去にも、オリンピックなどの国際大会が狙われた例は数多い。

　そのこともあり、サッカーやバスケットボール、ラグビーなどのワールドカップ、オリンピック、Ｇ７サミット、万博などの大規模イベントにおけるテロ対策が公安の使命である。

令和3年（2021年）に開催された東京オリンピックでは、開会式でドローンによる演出があり、大きな話題となった。

これまでのオリンピックの開会式にはなかった、夜空を背景にした文字や図形を描くドローンは壮観だったが、公安警察にとって、一番の懸念材料がドローンの監視だった。

ここ数年、ドローンの性能は革新的に進歩しており、なかには昆虫ほどのサイズのドローンもある。

ドローンの良い面は、先に述べたイベントでのドローンショーだけでなく、空撮や、危険な場所での点検やメンテナンスでも役立つことだろう。防犯監視分野でも注目されており、警備員を代替するような働きが期待されている。

また、農業の分野でも農薬散布、土壌調査や監視などにドローンが活用される機会が増えてきた。

今後期待されるのは、物流分野でのドローンの活用だ。物流分野は深刻な労働力不足が問題になっており、実際に全国の山間部などで実証実験が実施されている。

問題は、ドローンの性能を悪用されることだ。東京オリンピックで警察がドローンの監視を水面下で行っていたのは、警戒しているのを知られてしまうと、テロリストや模倣犯が意識を向けてしまいドローンが悪用されて、爆発物を投下するなどのテロ行為を誘発するおそれがあるためだった。

テロ組織でなくても、自分たちの技術を誇示するために危険な行為に走る人間が出ないとも限らない。

今後も、ドローンの技術はさらに進化するだろう。それゆえに、悪用する幅も広がる。

引き続き、ドローンに関する動きに、公安は監視の目を光らせなければならない。

## 尾行中に不審者に間違われて通報

公安は尾行のプロであるが、思わぬアクシデントに見舞われピンチに陥ることもある。私と同僚の二人で、あるスパイを追ってスパイが潜伏している建物の見える駐車場で張り込みをしていたときのことだ。

建物の向かいのマンションの人が、私たちを不審者だと勘違いをして、警察に通報してしまったのだ。数分後、ビルの駐車場に駆けつけた若い警察官は、私たちに向かって、

「ある近隣の方から不審者がいると通報がありました。どうしましたか？」

と職質をかけてきた。私は内心、「困ったな」と思ったが、気を取りなおして、若い警察官の耳元で、警察学校の校歌のサビを歌った。

警察学校は、どの部署の警察官も全員が学ぶので、校歌は警視庁警察官なら誰でも聞き覚えがある。さらに「ハムだ」と告げて、身分を明かした。

基本的にはあからさまに公安の身分は明かさないが、ここは何とか穏便にすませたい。相手の警察官は若いながらも察しが良くて、私たちが身分証明書を出した振りをしたら、

「今度から気を付けてくださいよ」

とだけ言って、去っていった。

おかげで、追っていたスパイにも気づかれずに任務を続けることができたのだった。

私たちは後日、その警察官がいる交番に行き、

「君のあのときの対応は素晴らしかった」

とほめた。若い警察官は目を輝かせながら、

「校歌でピンときました」

と言った。このような対応ができる若い世代の警察官が育っていることは、嬉《うれ》しく思う。

反面、こんなこともあった。私が街中でスパイのモニターを尾行していたときのことだ。

ある商店街のど真ん中で、いきなり大声で呼び止められたのだ。

「おい！　久しぶりだな。どうしたんだ？　こんな場所で」

私は顔を見て、すぐに警察学校の同期だとわかったが、答えるわけにはいかない。そのまま無視して行こうとすると、さらに、

「俺、今日は非番なんだよ。おまえもそうか？」

私は、「なんて察しの悪い奴なんだ」と、心の中で舌打ちをした。当然、彼は私が公安だとは知らない。

尾行中に話し込むことはできないので、人違いの振りをして、同期の呼びかけを振り切って尾行を続けた。

　このように、同じ警察官でも察しがいい人と悪い人がいる。ときには、同期に足を引っ張られることもあるのだと、痛感した一件だった。

## 潜入捜査のあれこれ

公安捜査官の活動のひとつに、潜入捜査がある。これはおもに、

・組織に潜り込む
・デモに参加する

以上がメインだが、今は組織に長期間、潜り込んで捜査をすることはほとんどなくなったと言われている。

かつて私が現役時代、ある過激派に傾倒している浪人生をマークするために、1年弱、浪人生に扮してある予備校に通っていたことがある。

偽名を使い、浪人生としての経歴も偽って、同じ予備校に通う予備校生たちには、

「一度、社会人になったが、もう一度勉強したくて大学を目指している」

と話していた。

潜入捜査ではなく、監視対象の近くにいることで、その予備校生が普段どういう行動をしているか、誰と連絡を取っているか、土日に過激派のデモなどに参加していな

いか、反体制的な言動やネットなどの書き込みをしていないか、監視していた。

この捜査には2つの側面があって、彼が知っていることをベラベラ喋ってくれれば、モニターや情報提供者として使える可能性がある。

また彼が目指している大学に合格後、その大学にある過激派グループに入るかどうかも関心があった。

予備校の模試を受けた結果、合格判定がAなのかCなのかも、ターゲットの予備校生に、

「このまえの模擬試験、どうだった？　俺なんか第一志望の大学C判定だったよ」

と話しかけて、合格可能の範囲なのかを探ったりした。

そうは言ってもターゲットになる浪人生とは、つかず離れずの関係を保った。あまり仲良くなってしまうと、相手の情報は入りやすくなるものの、こちらの情報も与えることになってしまい、怪しまれる可能性が高くなるからだ。

結局、このミッションはターゲットの情報収集と監視を1年弱かけておこなった後

は、周囲に、

「大学はあきらめて田舎に帰る」

とだけ告げて、誰にも怪しまれずにその場を離脱した。

これが完全に組織の中に入り込んでの潜入捜査となると、捜査官が孤立無援になり、自分自身で身の安全を確保しなければならない。

孤立無援になるということは、そこで公安、または警察官であることがバレると最悪の場合、殺される可能性が高くなる。それゆえ潜入捜査はリスクが高いのだ。

また、その後の身の安全をはかるためにも長期的な費用がかかり、そこでの費用対効果の観点からも実行されることが少なくなった。

潜入捜査といえば、平成24年（2012年）に放送されたTBSドラマ『ダブルフェイス』で、警察官が暴力団の構成員として潜入捜査をし、逆に暴力団構成員が警察官になって警察組織に潜り込みながら、お互い身元を隠して対立するシーンがあった。

完全に相手組織に身分を変えて潜入捜査するということは、そこから抜け出るときに大きな危険が伴うことを知らしめた内容でもあった。

このようなことは実際に起こりうるため、リスクのある潜入捜査よりもターゲットがよく出入りする店の常連となって顔見知りになったり、ターゲットの周辺の人脈の中からモニター（協力者）を得るほうが現実的になっている。

## 全国指名手配犯の桐島聡が逃げ通した事件

令和6年（2024年）1月29日、連続企業爆破事件で重要指名手配されている桐島聡容疑者とみられる男が、入院先の病院で死亡した。

桐島容疑者は過激派「東アジア反日武装戦線『さそり』」のメンバーで、昭和49年（1974年）から昭和50年（1975年）にかけて発生した連続企業爆破事件のひとつに関わっていたとされ、爆発物取締罰則違反の罪で警察庁が重要指名手配し、警視庁公安部もその行方を追っていた。

私も公安捜査官に登用される際に受講した講習を通じて、桐島容疑者のことは熟知していた。在職中、桐島はもちろん、その他の指名手配犯についても、顔、名前に加えて警察が持つ非公開情報を脳裏に刻み込み、いつでも発見、身柄確保できるようにしていたのである。

桐島容疑者など逃亡中の過激派メンバーの行方を追っていたのは、警視庁公安部公安一課に特別に設けられた「担当班」の公安捜査官たちだ。今回、桐島に事情聴取したのは、この「担当班」の公安捜査官たちだった。

私は元公安捜査官という立場から、この事件に関して多くのマスコミから取材を受けた。桐島が起こした事件の詳細はここでは割愛させていただくが、私が数社のメディアから聞かれたうち、共通していたのは、「なぜ、桐島は50年もの間、逃亡を続けられたのか？」ということだ。

桐島容疑者はすでに死亡しているので、詳細が解明されるのは時間がかかると思うが、私の推察をここで述べる。

まず、桐島がたった一人で逃げ続けることは不可能、ということだ。逃亡当初から、最後に40年ほど働いていた工務店にたどり着くまで、何者かの支援があったと推測する。

50年逃げ続けているので、住まいを提供する、資金を提供する、逃走手段を提供する、偽造書類を手配するといった「犯人隠避」にあたる行動を取っていた人物が必ずいるはずだと睨《にら》んでいる。

またもうひとつ、マスコミから多く聞かれたのは、「なぜ、自分が死ぬ間際に、桐島は自ら本名を名乗ったのか？」ということだ。

これは、50年もの間、偽名の「内田洋」として生きてきたが、単純に自分の死期を悟り、身を潜めて暮らさざるをえなかった環境下で、自分の存在意義を示したかったのだろうと推測する。

本来、過激派のメンバーなどの活動家は、逮捕されても完全黙秘を貫くことが、活動家としての最高の栄誉であり、組織への貢献とみなされるが、桐島の場合は、おそらく途中から孤立無援になって、最期に本名を明かすことが逃亡生活を成し遂げた証《あかし》だと思ったのかもしれない。

そうなると、やはり悔やまれるのは指名手配犯として、あれだけ多くの国民が桐島の若い時代の写真は認識していたのに、今現在の桐島本人と一致させることができなかった点だ。

ただ、全国の交番の指名手配犯の掲示板に、たとえ若いときの指名手配写真があることは、逃亡犯に対する心理的なプレッシャーになる。意味がないものではなく、やはりあったほうがいいと考える。

今後は警察も予算をかけてＡＩの技術を駆使して、10年後、20年後はどのように容貌が変わっていくのか、はげ頭や太った体形などさまざまな画像を作製して、それも含めて指名手配の写真として掲示すれば、逃亡犯にとってはよりプレッシャーが強くなると思う。

では、最後に、もし自分の行きつけの店やコミュニティで、「あの人、指名手配犯に似ているな」と思ったときの対処法を伝えたい。

正直、桐島の件を例にとっても、逃亡中に一度も周囲の人が「おや、変だな」と思わなかったのか？　といえば、それは違うと思っている。

桐島の行きつけのバーの飲み仲間や仕事関係者の中には、「内田は桐島じゃないか？」と疑った人がいるかもしれない。

今現在も全国指名手配されている逃亡犯はたくさんいる。もし仮に、似ている人を見かけたら躊躇《ちゆうちよ》なく、警察に通報してほしい。

このような話をすると、「通報者が犯人や仲間に逆恨みされて、報復されるのがこわい」という人がいる。

そのようなときは、自分の名前や住所は伏せてもかまわない。そのことを正直に、警察に「名前と住所は伏せます」と伝えればOKだ。

警察の立場からすれば、名前と住所を告げてくれたほうが、情報の信ぴょう性が高まるのでありがたいが、それを条件にすることで通報者が減ってしまうことのほうが弊害になる。

今回の桐島の件は、元公安の自分にとっても大変悔しい思いがした。陰の支援者や偶然が重なって逃げ通せたかもしれないが、世間からの「指名手配犯に似ている」という情報提供によって、犯人にたどり着ける可能性が高まったかもしれないとも感じる。

そういう意味で、たとえわずかな目撃情報でも、そのピースがつながることで犯人逮捕のきっかけになると知ってほしい。

# 第6章 スパイ&テロから身を守るために

## スパイを追っている最中に、不審者を見つけたら？

　私はスパイを追うのがメインの仕事ではあったが、尾行の最中に、どう見ても挙動不審な人物だったり、怪しげな集団を見つけてしまうことがあった。

　あるとき、尾行の最中に暴力団風の数人を見つけたときは、いつもより胸騒ぎがして「この後このあたりで何かしでかすに違いない」という予感が働いたことがあった。

　そのときは、各警察署に必ず公安の外事担当者がいるので、尾行の最中だったが、

「お前の管轄の●●交差点に暴力団風の人間が数人集まっていたから、お前の警察署の暴力団担当に一報入れといたほうがいいぞ」

と、通報していた。

　警察署に知り合いがいない場合は、公安部からの情報といって担当者につないでもらうことをよくやっていた。

現職を退いた今も、街中で怪しい人物や車を見かけると、一応、警察に情報提供をしている。以前私が通報した怪しい車に乗っていた人物を警察官が職質してみたら、連続広域窃盗の指名手配者だった、ということがあった。

一瞬、すれ違っただけ、見かけただけでも「何か変だ」と感じた勘はだいたい当たっている。よく『密着警察24時』などの番組で、自動車警ら隊がパトカーで巡回している際、一瞬、すれ違った車に違和感を抱き、追いかけて職質をかけると、じつは大麻を所持していた、飲酒運転だった、ということがあるが、それらは「警察官の鋭い勘」のなせる技なのだ。

私は特別視力がいいわけではない。ただ、公安時代のセンサーは今も衰えない。電車やタクシーに乗っていても、街中を歩いていても、ちょっとした違和感には敏感になっていたい。それが長い目でみれば、犯罪の抑止力になっているのだ。

## 公安的シックスセンスの磨き方

先のページでも、街中で感じた違和感が犯人逮捕につながった例を書いた。私が「公安的シックスセンス」をずっと磨いてきて思うのは、国民一人一人が少しでもこのシックスセンスを磨いていけば、犯罪もスパイ活動もぐんと減るということだ。

繰り返しになるが、次のことを日頃から意識することで、「公安的シックスセンス」は格段に上がる。ぜひ、実践してみてほしい。

**・自分の中の「おや、変だな」という違和感を覚えておくこと。**

自分がキャッチした違和感に敏感になっていくと、勘が鋭くなり、直感が鍛えられると言われている。

**・スマホばかり見ていないで、視野を広くすること＝魚眼レンズの目をもつ。**

電車や店の中で、いつでもスマホばかり見ていると、下を向くので視野狭窄《きょうさく》になって、危険を察知できない。目の端で物を見る癖をつけると、魚眼レンズのように視野が広がる。

**・電車や店の中に入ったら、まずは周囲を見渡す癖をつける。**

令和3年（2021年）に小田急線で起きた無差別刺傷事件、京王線で起きた無差別刺傷放火事件などは、電車内にいた乗客たちがもう少し周囲に注意を払っていれば、もっと早く異変に気付けたかもしれない。スマホばかり見ていないで、まずは周囲を見渡す癖をつけてほしい。

**・自宅やマンションの敷地内で作業着を着た人がうろうろしていたら、自分から挨拶してみること。**

泥棒は作業着などを着て、家やマンションの下見をすることがある。何をするでもなく、うろうろしている人を見かけたら、「こんにちは、ご苦労様です」とだけ挨拶をしておくと、仮に泥棒の下見だった場合は、顔バレしたことを心配し、候補から外す場合がある。

**・人がたくさん集まる場所では、妙に興奮している人、挙動不審者をチェックし、距離をとる。**

人が集まる場所ではテロまでいかなくても、ときに無差別に人を襲う通り魔や、酒を飲み過ぎて暴れている人などがいて、トラブルに巻きこまれる危険性が高くなる。視野が広くなれば、このような挙動不審者をいち早く見つけることができる。この場合は、好奇心で近寄ったりせず、距離をとることが賢明だ。

セキュリティに関するセミナーでは、これらのことをいつもお伝えしている。本書でもこれらのことは何度かお伝えしているが、やはり人は1回聞いたり、見たくらいでは生活の中に落とし込めない。

「公安的シックスセンス」は、日々意識して実践して初めて、毎日の歯磨きのように無意識に習慣化するのである。

またこれは余談であるが、公安捜査官の中には、このシックスセンスを磨き続けたことで、相手の過去や取り巻く環境が映像のように見えてくる人がいた。

じつは私もそのタイプで、これは公安に入る前の若いときから、なんとなくその人の家の様子がわかったり、兄弟姉妹にどんな人がいるか、どんなことに関心をもっているのか、わかることがある。

関わった人すべてのことがわかるわけではないが、学生時代の級友の恩師の姿が突然、頭の中に浮かんできたり、初めて会う人の家の中の様子が映像として見えてくることがあった。

交番勤務のときには、ある事件の容疑者を現行犯で逮捕して取り調べをしていたときに、なぜか母親とおぼしき女性と二人の息子の姿が頭の中に浮かんできた。私が、

「もしかして、お兄ちゃんがいるだろ？」
と聞いたところ、その男は「兄弟はいない。母子家庭で育った俺は小さいころに母親が亡くなり天涯孤独の身だ」と言った。ところが、よく調べてみたところ、その容疑者の男には父親が違う兄がいることがわかったのだ。

物体に残る人の残留思念を読み取ることを「サイコメトリー」というが、相手の記憶の断片を読み取ってしまうのも、一種の特殊能力といえるだろう。

アメリカのＣＩＡやＦＢＩでは、特殊能力を持った人を職員として採用し、その特殊能力を積極的に捜査活動に活用している。

残念ながら、日本ではこの手の話は実際にあまり耳にしないが、じつは警察官の中にはこのようなシックスセンス的な特殊能力を捜査に生かしているケースがあると思っている。

## 海外でテロやスパイに狙われないために

スパイやテロリストに狙われる危険性は、何も国内ばかりではない。むしろ海外の方が狙われる可能性は十分にある。

まず、海外でのスパイは、日本人というだけで接近してくる可能性がある。スパイが欲しいのは何も、企業の内部事情やデータだけではない。

国によっては、日本にスパイを送り込むほどの資金がない場合もある。そのような国では、自国にやってきた日本人をターゲットにすることもあるからだ。

機密データが取れなくても、日本人が何を好み、どんな生活をしているのか、自分の国にはどんな目的でやってきたのか、取れるだけのデータを取って、その中で使えるデータや次につながる人脈があるかどうかを探ってくる。

これは国内外問わずだが、スパイは相手から情報を取るだけではなく、その人からつながる人脈を知りたくて近づいてくるのだ。

例えば、あなたが一般的なビジネスマンだったとしても、あなたの兄弟や友人に公務員や医者、マスコミ関係者がいるかもしれない。

または、スパイがほしい半導体企業の関係者がいるかもしれない。スパイがあなたをステップボード（踏み台）として使うために接近してくることは、十分、考えられる。

また、海外では羽目を外す人も少なくない。海外出張などで、飲み屋に行って美女に誘われても個室やホテルには行かないこと。ツーショットの写真や動画をこっそり撮られて相手国のスパイに脅され、情報提供を強要されるケースは過去にもあった。

テロに関しては、海外でこそ大いに気をつけたい。人が大勢集まる繁華街、世界遺産になっているような観光名所はテロリストに狙われやすい。

とくにアメリカやイスラエル大使館の近くのホテルには泊まらないこと。テロリストに狙われやすく、たくさんの海外のスパイがうろうろしているからだ。

海外の安全情報については、外務省が「たびレジ」という情報配信サービスを実施

外務省「海外安全ホームページ」より

している。

出発前から旅先の安全情報が入手できるほか、海外旅行中でも、「●●地区で外国人旅行者を狙ったひったくりが発生しました」など、現地の最新情報が受信できる。

海外の安全情報は、外務省の海外安全ホームページでつねに最新の情報を知ることができる。

自分が渡航する国や地域がどのような情勢になっているか、ぜひ事前に確認してほしい。

# おわりに

子どもの頃、映画『007』を観て、ジェームズ・ボンドの世界をまたにかける活躍に胸を躍らせた。

それがいつしか「スパイハンターになる」ことが夢となり、警視庁に入庁。そこから公安部外事課に配属が決まった日のことは今でも忘れない。

「日本のために、外国のスパイを監視して追い詰める」

あのときの熱き想いが、今の自分を支えているのは間違いない。

念願のスパイハンターとしての活動は、想像以上に忍耐強く取り組まなければならない任務の連続であった。

一人のターゲットを追い続けて1年かかった秘匿捜査もあった。尾行班のチームで外国のスパイを何か月も監視し続けたことも数知れず。それでもスパイのしっぽがつかみきれず、何度もジレンマを感じたこともある。それでも使命感を抱きながらスパイハンターとして任務を遂行できたのは、「日本国の安全を守り、スパイやテロ活動を未然に防ぐ」
という最大のミッションがあるからに他ならない。

令和5年（2023年）、TBSドラマ『VIVANT』の公安監修を担当させていただいた。ドラマの大ヒットで、外事警察の存在がクローズアップされたのは、個人的にもうれしい限りだ。

あくまでもドラマなので、実際、私が所属していた外事警察のリアルな活動のすべてを網羅しているわけではないが、外事警察の仕事が海外からのスパイ組織やテロリストからの脅威を、水面下でつぶしていることを理解いただけたと思っている。

『VIVANT』を見た若い世代の中で、「将来、自分も公安のスパイハンターになりたい」と思った人がいることを願うばかりである。

最後に、ひとつ告白しよう。外事警察として某国の大使館で警備の任務をしていた私は、相手国と周辺の国々で諜報《ちょうほう》活動もしていた。ということは、相手国にとって私はスパイということだ。

将棋でたとえるなら、敵陣に入ると「金」に変わる「桂馬《けいま》」のように、国内ではスパイハンターでも海外ではスパイであった二刀流の私にしかできない啓蒙活動は、これからも多くあると自負している。

スパイ活動防止法がない日本国において、海外から大量に送り込まれるスパイたちの脅威に、まだまだ気は抜けないのである。

２０２４年５月吉日

勝丸円覚

# 幻冬舎新書

外山滋比古
## 90歳の人間力

高齢者ともなれば、どんな人間にも後悔、失敗、恥がある。さまざまなキズを糧にして、歳をとるほど明るく幸せになる生き方とは？　『思考の整理学』の著者による、人間力を養う34のヒント。

---

山下一仁
## 日本が飢える！
世界食料危機の真実

ロシアのウクライナ侵攻は、食料不安を一気に加速させた。減反政策で米の生産が減り続ける日本。有事においてこの国は武力攻撃ではなく食料不足で壊滅する――。元農林水産省官僚による緊急警告。

---

山本康正
## 情報の選球眼
真実の収集・分析・発信

手を出すべきではない虚偽情報と、利益に結びつく真実が現代社会には混在する。注目の投資家が自ら実践する情報の収集・活用法を指南。真贋を見極める眼と、利益を最大化する思考力を養う。

---

吉村芳弘
## 「80歳の壁」を超える食事術

「80歳の壁」を超えて健康寿命をのばすには、まずは「食べる」こと。タンパク質をしっかりとって、体重も筋肉も減らさず、体力維持が不可欠。健康な「小太り」をめざし、生涯現役を貫こう。